KB176343

남북한 맞춤법과 한국어 어휘 연구

한국어학총서

남북한 맞춤법과
한국어 어휘 연구

장은하

푸른사상
PRUNSASANG

언어는 객관세계에 대한 모국어적 정신세계의 표현이며 문화의 한 부분이다. 더 나아가 인간이 사고하는 과정에서 동적으로 작용할 수 있는 인지과정의 한 부분이라고 할 수 있다. 한 민족의 모국어는 그 민족이 객관세계인 사물에 대하여 관조하는 방식을 나타내며 더 나아가 그 민족의 정신세계를 반영하는 것이다. 우리말은 분단되기 전에 하나의 표준어와 규범을 가지고 있었지만 북한은 1954년의 조선어 철자법의 시행과 1966년 조선말 규범집의 발행, 1964년에 시작된 순수한 우리말에 바탕을 둔 말다듬기의 시행으로 점점 남한과 북한의 언어는 큰 차이점을 가지게 되었다. 이러한 차이점은 언어가 화자와 청자 간의 의사소통의 도구일 뿐만 아니라 그 언어를 사용하는 모국어 화자의 정신세계를 집약적으로 나타내는 문화의 중요한 부분임을 고려할 때 객관세계를 바라보는 관조방식에서 차이점을 가지고 오는 것이라 할 수 있다.

언어에 대한 이러한 관점은 훔볼트, 바이스게르버의 언어관에서 그 근거를 찾을 수 있는데 그는 언어의 내적언어형식은 단순히 화자와 청자의 의사소통의 수단을 넘어서서 모국어 화자가 세상을 바라보고 관조하는 방식을 나타낸다고 언급하고 있다. 훔볼트는 모든 화자의 마음속에 내재적으로 존재하는 창조적인 언어 자체의 활동에 초점을 맞추고, 언어는 단지 문법가의 분석에 의한 죽어가는 성과물(Ergon)이라기보다는 각 민족마다의 의미적·문법적 구조인 내적언어형식에 기반을 두고 유기체로 판단하여 변화하게 된다고 언급하고 있다. 즉 동적인 부분을 강조하는 에네르게이아(Energeia)로 표현하고 있다.

훔볼트와 바이스게르버의 동적언어이론은 모국어 공동체의 각 개인은 모국어가 인간에게 제공해주는 사물을 바라보는 틀 안에서 지각하게 되며 더 나아가 모국어 속에 내포되어 있는 객관세계에 대한 사전 이해를 통하여 사물을 포착해낼 수 있다고 언급하고 있다. 이러한 관점은 현대국어 문장의 문체와 그 변화 과정에서도 찾아볼 수 있으며, 작품에서 작가의 고유한 어휘선택과 그 어휘의 상징성에서도 찾아볼 수 있을 것이다.

문장의 문체의 구성과 흐름은 그것을 이루고 있는 표기문자와 깊은 관련이 있는 것으로, 모국어 화자의 의미적·문법적 언어 내적 구조의 변화로 그 초점을 맞출 수 있을 것이며, 또한 작품을 통한 작가의 어휘선택에 있어서도 상징성을 바탕으로 한 어휘 대립의 중화 현상으로 파악할 수 있을 것이다. 왜냐하면 언어는 의사소통의 도구일 뿐만 아니라 모국어 화자의 내적 정신활동을 구체화시킬 수 있는 창조적인 활동이기 때문이다. 이러한 내적 정신활동은 현대국어의 신체명칭 관련 연구에서도 구체화될 수 있다.

사람의 고유한 특성을 전제로 하는 〈신체〉와 관련된 말들은 언어공동체의 생활에 깊이 침투되어 그 사용 빈도수가 높으며 비유적 기능이 강하여 모국어 화자의 정신세계와 우리말의 어휘체계를 이해하는 데 중요한 역할을 한다. 은유가 수사법의 하나가 아닌 어휘 대립 현상을 상실하는 인지 과정의 하나라고 파악할 때 〈신체〉 명칭에 반영된 모국어 화자 한국인의 정신활동에 대해서도 구체적으로 연구해볼 수 있을 것이다.

동적언어이론은 어휘론, 조어론, 품사론, 월구성안(통어론) 등 네 가지 부문의 연구가 그 연구 대상으로 이러한 학설에 기반하여 이 책에서는 남북한 맞춤법과 개화기 시대 이후 문장의 문체, 혜경궁 홍씨의 『한중록』에 제시된 어휘와 그 상징성 연구, 〈신체〉 관련 관용어의 표현과 〈뼈〉 명칭에 반영된 한국인의 세계관에 대하여 고찰해보고자 한다.

이 책은 제가 20여 년 국어학자로서 연구한 한국어를 통해 한국인의 정신세계를 고찰하고자 하는 두 번째 결실이다. 책을 준비하는 과정에서 여러모로 도움을 주신 은사님들과 선행 연구자들, 가족들, 하늘나라에 계신 사랑하는 어머니께 감사의 마음을 전한다. 그리고 이 책이 출판될 수 있게 지원해주신 푸른사상사 한봉숙 대표님, 김수란 편집장님께 감사의 마음을 전한다. 마지막으로 나의 삶의 주관자이신 하나님께 감사와 찬송을 드린다.

2020년 5월
장은하

제5장
현대국어의 〈뼈〉 명칭 어휘구조에 반영된
한국인의 세계관

제1장

남북한의 맞춤법

제1장 남북한의 맞춤법[1]

한 민족의 모국어는 그 민족이 객관세계인 사물에 대하여 관조하는 방식을 나타내며 더 나아가 그 민족의 정신세계를 반영하는 것이다. 우리말은 분단되기 전에 하나의 표준어와 규범을 가지고 있었지만 북한은 1954년의 「조선어 철자법」의 시행과 1966년 「조선말 규범집」의 발행, 1964년에 시작된 순수한 우리말에 바탕을 둔 말 다듬기의 시행으로 점점 남한과 북한의 언어는 큰 차이점을 가지게 되었다. 이러한 차이점은 언어가 화자와 청자 간의 의사소통의 도구일 뿐만 아니라 그 언어를 사용하는 모국어 화자의 정신세계를 집약적으로 나타내는 문화의 중요한 부분임을 고려할 때 객관세계를 바라보는 관조 방식에서 차이점을 가지고 오는 것이라 할 수 있다.

분단 이후 남과 북의 서로 다른 맞춤법 규정과 변천으로 분명히 현 시

---

1 이 글은 장은하, 「남북한 맞춤법의 분화와 통일」, 김민수, 『남북의 언어 어떻게 통일할 것인가』, 국학자료원, 2002를 수정·보완한 것이다.

점에서 확연히 드러나는 어떠한 차이점이 있을 것인데, 그 차이점은 무엇이며, 그 통일 방안은 무엇일까? 이 글은 남한과 북한 각각의 맞춤법 규정 중 '소리'에 관한 부분에 주목하여 '체재', '어휘', '내용'이라는 세부 항목을 정해서 그에 따른 변천 과정을 살펴보고, 분단 반세기가 지난 지금 맞춤법 규정의 적절한 통일 방안에 대하여 살펴보는 것을 목적으로 한다.

맞춤법은 우리말을 한글로 표기할 때의 정서법으로, 적절한 음소주의와 형태주의를 반영한 조선어학회의 「한글 마춤법 통일안」(1933. 10)이 1945년 8 · 15 광복 이전에는 남쪽과 북쪽에서 같이 쓰였다. 그 이후에는 남쪽과 북쪽에서 서로 다른 맞춤법 통일안의 시대를 걷게 되었다. 즉, 남쪽에서는 1937, 1940, 1946, 1948, 1958년 다섯 차례에 걸쳐 수정 보완된 한글 맞춤법 통일안이 1980년, 1988년의 「한글 맞춤법」으로 정리되어 현재까지 그 골격을 유지하고 있으며, 북쪽에서는 1948년 「조선어 신철자법」, 1954년 「조선어 철자법」, 1966년 「조선말 규범집」, 1987년 「조선말 규범집」을 지금까지 사용하고 있다.

김일성의 주체사상을 바탕으로 한 북한의 언어정책과 그에 따른 맞춤법 규정은 남과 북의 언어가 단순히 언어기호의 형식적인 측면의 이질화뿐만 아니라 내용적인 측면의 이질화를 초래하는 것으로, 통일을 대비한 남북한 맞춤법 규정과 정책 또한 보다 심도 있고 활발하게 논의되어야 한다고 생각한다.

이 글에서 시대 구분은 다음과 같다. 남한에서는 1933년 한글 맞춤법 통일안에 바탕을 두고 있는 시기인 제1기(1933~1980 : 통일안 시대)와 제2기(1980~현재 : 새 규범 시대)로 크게 나누고, 북한에서는 1933년 한글 맞춤법 통일안에 바탕을 두고 있는 시기인 제1기(1933~1954 : 통일안 시대)와 제2기(1954~현재 : 새 규범 시대)로 크게 나누어 설명하고자 한다. 또 이 논문에서는 남북한의 차이점이 증가하는 시점인, 북한의 「조선어 철자법」이 제정된 1954년 이후 남북한 맞춤법의 변천 과정과 그 통일 방안에 중점을 두고 살펴보겠다.

1. 남한의 맞춤법

남한의 맞춤법 규정은 제1기(1933~1980 : 통일안 시대)와 제2기 (1980~현 시점 : 새 규범 시대)로 나누어 살펴볼 수 있다. 이 단락에서는 1933년 간행된 조선어학회의 「한글 마춤법 통일안」 이후 1937, 1940, 1946, 1948, 1958년의 「한글 맞춤법 통일안」과 1980년 한글학회의 「한글 맞춤법」, 1988년 「한글 맞춤법」에서 나타나는 '소리'에 관한 부분을 체재와 어휘, 내용으로 나누어 그 변천 과정을 살펴보겠다.

1) 제1기(1933~1980 : 통일안 시대)

(1) 한글 마춤법 통일안(1933)

「한글 마춤법 통일안」(1933)은 총론과 각론과 부록으로 구성되어 있으며, 각론은 제1장 '자모', 제2장 '성음에 관한 것', 제3장 '문법에 관한 것', 제4장 '한자어', 제5장 '약어', 제6장 '외래어 표기', 제7장 '띄어쓰기'로 이루어져 있다. 총론에서 밝힌 "표준말을 소리대로 적되 어법에 맞도록 함으로써 원칙으로 삼는다."라는 원칙은 '소리'에 관한 부분을 다루는 데 있어서도 우선적으로 적용되며, 이것은 1988년「한글 맞춤법」으로까지 이어지고 있다.

맞춤법의 '소리'에 관한 부분에 있어 체재는 제2장 '성음에 관한 것'과 제4장 '한자어'에서 찾아볼 수 있다. 제2장 '성음에 관한 것'은 제1절 '된소리', 제2절 '설측음ㄹ', 제3절 '구개음화', 제4절 'ㄷ 바침 소리'라는 항목으로 나누어져 있으며, 제4장 '한자어'는 제1절 '홀소리만을 병기할 것', 제2절 '닿소리만을 병기할 것', 제3절 '닿소리와 홀소리를 함께 병기할 것', 제4절 '속음'이라는 항목으로 나누어져 있다. 그리고 세로쓰기가 이루어지고 있다. ㄷ 바침 소리(제6항)의 항목에서도 (一) ㄷ으로만 나는 바침과 (二) ㅅ으로도 나는 바침으로 나누고 ㄱ, ㄷ으로만 나는 바침 항목은 (1) 부사적 접두어, (2) 관형사, (3) 부사로 나누어 설명하고 있다.

(가) 맞춤법의 '소리'에 관한 부분의 체재

第二章 聲音에 關한 것	第4章 漢字語
第一節 된소리	第一節 홀소리만을 變記할 것
第二節 舌側音ㄹ	第二節 닿소리만을 變記할 것
第三節 口蓋音化	第三節 닿소리와 홀소리를 함께 變記할 것
第四節 ㄷ 바침 소리	第四節 俗音

맞춤법의 '소리'에 관한 부분에 있어 어휘는 큰 항목의 제목의 경우 '聲音에 關한 것', '漢字語'가 쓰이고 있고, 세부 항목의 경우는 '된소리',

'舌側音ㄹ', '口蓋音化', '홀소리만을 變記할 것', '닿소리만을 變記할 것', '닿소리와 홀소리를 함께 變記할 것', '俗音'이라는 어휘가 쓰이고 있다. 또 예를 나타내는 항목에 있어서도 ㄱ, ㄴ이 아니라 甲, 乙로 나누어 설명하고 있다.

그리고 표기문자는 표기문자로 구성되는 문장의 문체와 깊은 관련이 있는 것으로 문체소[2]의 구성성분을 이루는 표기 요소인 국한문체, 한글체를 어휘와 관련하여 생각하여볼 때, '漢字語', '~關한 것', '~變記할 것' 등의 예에서 나타나는 것처럼 한자어가 있는 모든 체언과 용언 어간의 일부가 한자어로 표기되고 있다. 또 수사의 표현에 있어서도 한자어로 대부분 쓰이고 있다. 그 구체적인 내용을 인용하면 다음과 같다.

(나) 第2章 聲音에 關한 것

第一節 된소리(第三項)

한 單語 안에서 아무 뜻이 없는 두 音節 사이에서 나는 된소리는 모두 아래 音節의 첫소리를 된소리로 적는다.

第二節 舌側音ㄹ(第四項)

本來에 ㄹ을 ㄹㄴ으로 적던 것을 ㄹㄹ로 적기로 한다. (甲을 취하고 乙을 버린다.)

---

2 문체소(stylisticum 혹은 style marker)는 고바야시 히데오(小林英夫)가 사용한 용어이며, 여기에는 '구문, 문장의 어휘, 문학적 장치(리듬, 아이러니, 패러독스, 은유, 상징, 강조 등), 통계적 자료에 의한 특징군(群)' 등이 있다. 김상태(1982 : 45)

예　甲　　　乙　　　甲　　　乙
　　걸레　　걸네　　날린다　날닌다

第三節　口蓋音化(第五項)

한글의 字母는 다 제 音價대로 읽음을 原則으로 한다. 따라서 "댜 뎌
됴 듀 디"를 "자 저 조 주 지"로, "탸 텨 툐 튜 티"를 "차 처 초 추 치"로
읽음을 認定하지 아니한다.

[附記 一] ㄷ ㅌ으로 끝난 말 아래에 從屬的 關係를 가진 "이"나 "히"
가 올 적에는 그 'ㄷ, ㅌ'가 口蓋音化 되는 것을 例外로 認定한다. (甲을
취하고 乙을 버린다.)

예　甲　　　乙　　　甲　　　乙
　　밭이　　바치　　굳이　　구지

第四節　ㄷ 바침 소리(第六項)

아무 까닭이 없이 ㄷ 바침으로 나는 말 가운대 ㄷ으로만 나는 것이나
ㅅ으로 나는 것이나를 勿論하고 本來의 버릇을 따라 ㅅ으로 統一하야
적는다. (甲을 취하고 乙을 버린다.)

　一) ㄷ으로만 나는 바침　　　　甲　　　乙
　　　　　　　　　　　　　　　짓밟다　진밟다

　二) ㅅ으로도 나는 바침　　　　甲　　　乙
　　　　　　　　　　　　　　　따뜻하다　따뜯하다

(다) 第4章 '漢字語'

第一節 홀소리만을 變記할 것

第三項 字音은 죄다 ㅏ로 적는다.(甲을 취하고 乙을 버린다.)

예	甲	乙	甲	乙
	간친(懇親)	근친	발해(渤海)	볼해

第三四項 ㅓ 字音은 죄다 ㅐ로 적는다.(甲을 취하고 乙을 버린다.)

예	甲	乙	甲	乙
	개량(改良)	ㄱ량	내외(內外)	ㄴ외

第三五項 ㅅ ㅈ ㅊ을 첫소리로 삼는 ㅑ ㅕ ㅛ ㅠ를 ㅏ ㅓ ㅗ ㅜ로 적는다. (甲을 취하고 乙을 버린다.)

예	甲	乙	甲	乙
	사회(社會)	샤회	서류(書類)	셔류

第三六項 "계 폐 혜 메"는 本音대로 적고, "셰 졔 쳬"의 ㅖ는 ㅔ로 적는다. (甲을 취하고 乙을 버린다.)

예	甲	乙	甲	乙
	계수(桂樹)	게수	혜택(惠澤)	헤택

(2) 한글 마춤법 통일안(1937)

「한글 마춤법 통일안」(1937)은 초판과 마찬가지로 총론과 각론, 부록으로 구성되어 있다. 각론은 제1장 '자모', 제2장 '음에 관한 것', 제3장 '문법에 관한 것', 제4장 '한자어', 제5장 '약어', 제6장 '외래어 표기', 제7장 '띄어쓰기'로 이루어져 있다.

맞춤법의 소리에 관한 부분에 있어 체재는 초판과 비교해볼 때 달라진 부분은 가로쓰기가 이루어지고 있다는 점과 각 절 안에 'ㄹ'이나 'ㄷ' 소리 같은 자모를 표시할 때 설측음 'ㄹ', 'ㄷ' 받침소리처럼 쌍따옴표로 다시 표시했다는 점이다.

어휘는 초판과 비교하여 볼 때 대부분 같으나 초판과 비교하여 달라진 부분은 제2장의 '聲音에 關한 것'의 '聲音'이 '音에 關한 것'으로 대체되어 나타나고 있으며, 'ㄷ 바침 소리(第六項)'의 (一) 'ㄷ으로만 나는 바침'에서 '副詞的接頭語'는 '接頭辭'로 대체되어 쓰이고 있다. 제4장 '漢字語'에서도 초판과 비교하여 달라진 부분은 없다.

전술한 바와 마찬가지로 국한문체, 한글체를 어휘와 관련하여 생각하여볼 때, 초판과 마찬가지의 '漢字語', '~關한 것', '~變記할 것' 등의 표현이 나타나고 있다. 구체적인 내용은 초판과 일치하고 있다.

(3) 한글 맞춤법 통일안(1940)

「한글 맞춤법 통일안」(1940)은 초판, 재판과 마찬가지로 총론과 각론, 부록으로 구성되어 있으며, '소리'에 관한 부분에 있어 체재도 초판, 재판과 비교해볼 때 달라진 부분은 없다. 어휘에 있어 초판, 재판과 비교하여 볼 때 달라진 부분은 제2장의 '音에 關한 것'이 '聲音에 關한 것'으로 표현되어 다시 초판에서와 같은 어휘로 표현되고 있다는 점이며, 제목에서「한글 마춤법 통일안」이「한글 맞춤법 통일안」으로 변화되었다. 'ㄷ받침 소리(第六項)'의 (一) 'ㄷ으로만 나는 바침'에서 '接頭語'는 재판의 어휘를 따라서 '接頭辭'로 그대로 쓰이고 있다. 또 국한문체, 한글체를 어휘와 관련하여 생각하여볼 때, 초판, 재판과 마찬가지로 국한문체의 표현이 주종을 이루고 있다. 또 구체적인 내용 부문에 있어서도 초판, 재판과 일치하고 있다.

(4) 한글 맞춤법 통일안(1946)

「한글 맞춤법 통일안」(1946)의 '소리'에 관한 부분은 '체재'와 '어휘'에 있어 1940년「한글맞춤법 통일안」과 같으며, 다만 추가된 내용은 3장 '문법에 관한 것' 10항에서 '어간의 끝소리 ㄴ, ㅁ의 아래에서 어미의 첫소리가 된소리로 변하는 것은 변한 대로 적지 아니한다.'라고 하고 있다. 예를 들면 '검다(黑)'의 경우 '검꼬, 검따, 검쏘, 검찌'가 아닌 '검고(黑), 검다, 검소, 검지'가 올바른 표기법이라고 하고 있다. 그리고, '한자어'에 관한 부분에서도 48항에 '속음이 된소리인 것은 본음으로만 적는다'라는 내용을 추가하여 '정가(定價)', '발달(發達)', '필시(必是)'라는 단어로 예를 들고 있다.

(5) 한글 맞춤법 통일안(1948)

「한글 맞춤법 통일안」(1948)의 이전의 맞춤법과 비교하여 큰 차이점

은 모든 어휘가 한글 중심으로 표기되고 있고, 또 한글 위에 한자 병기
가 이루어지고 있는 어휘도 있다는 점이다. 예를 들면 제4장 '한자어'에
서 이전의 맞춤법에서 보여주었던 '닿소리만을 變記할 것', '홀소리만을
變記할 것', '닿소리와 홀소리를 함께 變記할 것' 같은 표현을 '홀소리만
을 고쳐 쓸 것', '닿소리만을 고쳐 쓸 것' 등으로 달리 표현하고 있다. 체
재와 구체적인 내용 부분에 있어서는 이전의 맞춤법과 비교하여 달라진
부분은 없다.

(6) 한글 맞춤법 통일안(1958)

「한글 맞춤법 통일안」(1958)은 총론과 각론으로 구성되어 있으며, 각
론은 제1장 '낱자(자모)', 제2장 '소리(성음)에 관한 것', 제3장 '말본(문
법)에 관한 것', 제4장 '한자말(한자어)', 제5장 '준말(약어)', 제6장 '들온
말(외래어) 표기', 제7장 '띄어쓰기'로 이루어져 있다.

'소리'에 관한 부분은 「한글 맞춤법 통일안」(1946) 이후에서 보여주었
던 것처럼 제2장 '소리(성음)에 관한 것', 제4장 '한자음' 이외에 제3장
'말본(문법)에 관한 것'의 내용 중 일부에서 찾아볼 수 있다. 구체적인
내용과 체재 면에서 이전의 맞춤법과 비교하여 볼 때 달라진 점은 없다.
다만 '어휘'에서 달라진 점을 찾아볼 수 있는데 모든 어휘가 고유한 우
리말을 바탕으로 표기되고 있고, '임자씨(체언)와 토' 같은 예에서 보이
는 것처럼 순수한 우리말 옆에 한자어를 한글로 표기하여 괄호 안에 병
기하고 있다는 점이다. 예를 들면 제2장 '소리(성음)에 관한 것'은 '된소
리', '혀옆소리(설측음) ㄹ', '입천장소리되기(구개음화)', 'ㄷ 받침소리'
로 표기되고 있으며, 'ㄷ 받침소리'에서는 'ㄷ 소리로만 나는 항목'을 두

고 있다.

(7) 한글 맞춤법(1980)

「한글 맞춤법」(1980)은 총론과 각론으로 구성되어 있으며, 각론은 제1장 '글자', 제2장 '소리', 제3장 '말본', 제4장 '준말', 제5장 '띄어쓰기'로 이루어져 있다. '소리'에 관한 부분은 제2장 '소리'와 제3장 '말본'에서 찾아볼 수 있다. 이전의 맞춤법 규정과 비교하여 '소리'에 관한 부분에서 확연히 달라진 것은 제2장 소리에서 지금의 두음법칙인 '머리소리법칙'이 하나의 항목으로 처음 다루어지고 있다는 점이다. 그리고 전체 구성에서 '외래어 표기'에 관한 단락이 빠져 있다.

체재 면에서 제2장 '소리'는 제1절 '된소리', 제2절 '입천장소리되기', 제3절 '〈ㄷ〉 끝소리', 제4절 '홀소리', 제5절 '머리소리법칙'이라는 항목으로 나누어져 있는데, 기존의 맞춤법 규정과 다른 점은 '한자어'에 관한 단락이 없어지고 한자어에서 소리와 문법에 관한 부분이 제2장 '소리'와 제3장 '말본'으로 나누어져 다루어지고 있다는 점이다. 또 제2항 '된소리'에 관한 부분, 제8항 '홀소리'에 관한 부분에서도 이전의 맞춤법 규정과는 달리 '다만'이라는 예외조항을 두어 설명할 수 없는 부분에 대하여 언급하고 있다.

「한글 맞춤법」(1980)은 우선 제목에서부터 '한글 맞춤법 통일안'이 '한글 맞춤법'으로 달라졌고, 모든 어휘가 한글로 표시되고 있다는 점이 이전과는 다르다. 제2장 '소리에 관한 것'이 '소리'로 제3장 '말본에 관한 것'이 '말본'으로 표현되고 있으며, 세부 항목에서도 모든 어휘를 '이름씨, 풀이씨, 토씨, 머리소리 법칙, 홀소리'와 같은 순수한 우리말로 풀어쓰려고 했다. 1980년 한글학회의「한글 맞춤법」에서는 한글체 중심의 표현이 정착 단계에 들어감을 알 수가 있다.

구체적인 내용에서 이전의 규정과 비교하여 달라진 점은 언급했었던 것처럼, 제2장 소리에서 지금의 두음법칙인 '머리소리법칙'이 하나의 항목으로 처음 다루어지고 있다는 점과 제2항 '된소리' 규정에서 "다만 〈ㄱ, ㅂ〉 받침 뒤에서 나는 된소리는, 같은 소리마디나 같은 첫소리가 겹쳐 나는 소리가 아니면, 된소리로 적지 아니한다."라는 예외 조항이 들어가 있는 점, 한자어의 '소리'에 관한 부분이 제2장 '소리'에 항목을 두어 다루어지고 있는 점이다.

아래에 '앞가지(접두사)', '매김씨(관형사)', '어찌씨(부사)'와 같은 어휘를 쓰고 있다. 제4장 '한자말(한자어)'에서는 이전의 맞춤법 규정과 다르게 제4절 '속음'을 '익은소리(속음)'로 표기하고 있다.

2) 제2기(1980~현 시점 : 새 규범 시대)

1980년 한글학회의「한글 맞춤법」을 거쳐 1988년에 문교부에서 제정한「한글 맞춤법」은 이전의「한글 마춤법 통일안」이 정착 단계로 들어선 것으로 그 자세한 내용을 살펴보면 다음과 같다.

(1)「한글 맞춤법」(1988)

1988년에 제정된「한글 맞춤법」은 이전의 맞춤법 규정과 크게 달라진 점은 없지만 이전의 맞춤법과 비교하여 두드러진 특징은 두음법칙에 관한 규정이 조금 수정되었다는 점과 13항 겹쳐 나는 소리에 대한 규정이 추가되었다는 점이다. 「한글 맞춤법」(1980)의 체재는 제1장 '총칙', 제2장 '자모', 제3장 '소리에 관한 것', 제4장 '형태에 관한 것', 제5장 '띄어쓰기', 제6장 '그 밖의 것', 부록의 '문장부호'로 이루어져 있는데 제3장 '소리에 관한 것' 부분은 '된소리', '구개음화', 'ㄷ소리 받침', '모음', '두음법칙', '겹쳐 나는 소리'로 그 내용이 구성되어 있다.

또 1980년 한글 맞춤법 규정과 비교하여 볼 때 고유한 우리말에 바탕으로 한 어휘를 쓰고는 있지만 널리 인식된 한자어는 그대로 사용하고 있는 것이 특징이다. '이름씨, 풀이씨, 토씨, 머리소리 법칙, 홀소리'와 같은 표현은 다시 '명사, 동사, 조사, 두음법칙'과 같은 널리 인식된 어휘로 다시 표기하고 있다.

구체적인 내용 부분에서 '단어의 첫머리 이외의 경우에는 본음대로 적고, 또 접두사처럼 쓰이는 한자가 붙어서 된 말이나 합성어, 둘 이상이 단어로 이루어진 고유명사를 붙여 쓰는 경우에도 뒷말의 첫소리가 'ㄴ' 소리가 나더라도 두음법칙에 따라 적는다.'라는 두음법칙의 규정은 한글 맞춤법(1980)과 비교하여 달라진 부분이라고 할 수 있는데 예를 들면 '신여성' 같은 경우 한글 맞춤법(1980)의 '머리소리원칙'에 따르면 '신녀성'이라고 해야 할 것이나 한글 맞춤법(1988)에 의하여 '신여성'이 표준어가 된다. 또 '한 단어 안에서 같은 음절이나 비슷한 음절이 겹쳐 나는 부분은 같은 글자로 적는다.'라는 '겹쳐나는 소리'(13항)에 대한 조항은 이전의 맞춤법 규정에는 없던 새로 추가된 내용이다. 예를 들면 '딱닥'이 아니라 '딱딱', '꼿곳하다'가 아닌 '꼿꼿하다'가 표준어가 된다.

지금까지 남한의 맞춤법 규정 중 '소리'에 관한 부분을 체재, 어휘, 내용을 세부 항목으로 정해서 그에 따른 변천 과정을 살펴보았다. 조선 어학회의 『한글 마춤법 통일안』(1933. 10)은 1937, 1940, 1946, 1948, 1958년 다섯 차례에 걸쳐 수정 보완된 「한글 맞춤법 통일안」이 기초가 되어 두음법칙에 관한 규정이 처음 나온 1980년 한글학회의 「한글 맞춤법」, 1988년 문교부의 「한글 맞춤법」으로 현재까지 그 골격을 유지하고 있다.

다음 단락에서는 북한의 맞춤법에 대하여 살펴보겠다.

2. 북한의 맞춤법

북한의 맞춤법 규정에 대해서는 제1기(1933~1954 : 통일안 시대)와 남과 북이 서로 다른 차이점을 나타내기 시작한 시기인 제2기(1954~현 시점 : 새 규범 시대)로 크게 나누어 살펴볼 수 있고, 제1기는 다시 세분하여 '마춤법 통일안' 시대(1933~1948)와 '조선어 신철자법' 시대(1948~1954)로 나누어 살펴볼 수 있다. 제2기는 세분하여 '조선어 철자법' 시대(1954~1966), '조선말 규범집' 시대(1966~현 시점)으로 나눌 수 있다. 제1기(1933~1954 : 통일안 시대)의 '마춤법 통일안' 시대(1933년~1948)는 전술한 남한의 맞춤법 통일안 시대와 그 내용이 같다. 1948년 이후 각 시기의 맞춤법 규정에서 '소리'에 관한 부분을 살펴보면 다음과 같다.

1) 제1기(1933~1954 : 통일안 시대)

(1) 「조선어 신철자법」 시대(1948~1954)

「조선어 신철자법」은 머리말과 총론, 각론 5장으로 구성되어 있다. 각론 1장은 '자모', 2장은 '어음에 관한 것', 3장은 '문법에 관한 것', 4장은 '어휘에 관한 것', 5장은 '문장에 관한 것'을 그 내용으로 삼고 있다. 「조선어 신철자법」의 소리에 관한 부분은 2장 '어음에 관한 것'으로 여기에서는 된소리 표기와 설측음, 한자음에 관한 조항이 있다.

「조선어 신철자법」에서 쓰인 어휘는 모든 어휘가 국한문체가 아닌 한글체에 바탕하여 쓰이고 있으며, 제2장 단락의 제목도 이전의 규정과 달리하여 '어음에 관한 것'으로 표현하고 있다. 모든 어휘의 한글체 표현은 같은 시기에 남쪽에서 나온 「한글 맞춤법 통일안」과 비교하여 볼 때 남쪽과 북쪽의 큰 차이점이라고 할 수 있다.

된소리 표기는 '한글 마춤법 통일안' 시대(1933~1948)의 규정과 같으며, 구체적인 내용에서 달라진 부분은 설측음 표기에 있어서 'ㄹ'라는 자음을 만들었으며, 구개음화에 대한 조항이 없어진 점, 한자음의 표기에 있어서도 전 시기와는 다르게 '녀자, 례의, 락원' 등에서 보이는 것처럼 한자의 본음을 밝히는 형태주의를 원칙으로 하고 있다는 점이다. 이러한 북쪽의 맞춤법 규정 변화는 다음 시기의 맞춤법 개혁에 대한 기반을 다져놓았다는 의의를 가진다.

2) 제2기(1954~현 시점 : 새 규범 시대)

(1) 「조선어 철자법」 시대(1954~1966)

1954년 9월에 공포된 「조선어 철자법」은 「한글 맞춤법 통일안」에 적지 않은 수정을 가한 것으로 체재는 총칙과 제1장~8장의 규정, 용례 색인으로 구성되어 있다. 총칙에는 '형태주의'를 원칙으로 한다는 것을 밝히고 있으며 각론은 제1장 '자모의 순서와 그 이름', 제2장 '어간과 토의 표기', 제3장 '합성어 표기', 제4장 '접두사와 어근의 표기', 제5장 '어근과 접미사의 표기', 제6장 '표준발음법 및 표준어와 관련된 철자법', 제7장 '띄여쓰기', 제8장 '문장부호'로 구성되어 있다.

「조선어 철자법」에서 '소리'에 관한 항목은 체재에서부터 달라지고 있다. 즉 '소리'에 관한 부분이 하나의 각론으로 되어 있는 것이 아니라 각 장의 세부 조항에서 다루어지고 있다. 「조선어 철자법」에서 쓰인 어휘는 단락의 제목에서부터 많은 변화가 있었는데, 이전의 규정에서 보여주었던 '자모', '어음에 관한 것', '문법에 관한 것', '어휘에 관한 것', '문장에 관한 것' 등의 표현이 '자모의 순서와 그 이름', '어간과 토의 표기', '합성어 표기', '접두사와 어근의 표기', '어근과 접미사의 표기' 등으로 표현되었다.

구체적인 내용에서 볼 때 설측음에 관하여는, 한 단어 안에 있는 두 홀소리 사이에서 아무 뜻이 없이 나는 설측음 'ㄹ'은 'ㄹㄹ'로 표기한다고 하면서 그 예로 '걸레, 벌레, 알락달락'을 들고 있다. 또 '가하다 → 가ᄒ다, 가타'의 경우처럼 자음토를 센소리로 적는 것을 허용하고 있다. 그리고 어간말음이 'ㅣ, ㅐ, ㅔ, ㅚ, ㅟ, ㅢ'인 경우 'ㅣ 모음동화'의 발음을 인정하고 있다. 그 구체적인 예는 '개여, 기여, 되여, 베여, 쥐여, 희여'에서 나타난다. 또 된소리의 규정의 경우 이전의 규정과 그 내용은 같다. 다만 남쪽의 된소리 규정과 비교하여 볼 때 다른 점은 'ㄹ' 다음에 나는 토의 첫 음절에서는 '-ㄹ가'의 경우처럼 된소리를 인정하지 않고 있다는 것이다. 한자어에 있어서는 앞 시기와 마찬가지로 한자의 본음을 밝히어 적는 형태주의 원칙을 견지하였다.

(2)「조선말 규범집」 시대(1966)

「조선말 규범집」(1966)에서는 형태주의와 가로쓰기 원칙이 명시되어 있으며, 체재는 '맞춤법', '띄여쓰기', '문장부호법', '표준발음법'으로 크게 구성되어 있다. 즉,「조선어 철자법」(1954)에서는 '띄여쓰기', '문장부호', '표준발음법'을 함께 다루었으나「조선말 규범집」(1966)에서는 맞춤법을 단어 내부의 표기만으로 한정하여 그 부분에 관하여만 언급하고 있다. 또 '맞춤법'에 있어서도 제1장 '자모의 차례와 이름', 제2장 '형태부의 적기', 제3장 '어간과 토의 적기', 제4장 '합성어의 적기', 제5장 '접두사와 어근의 적기', 제6장 '어근과 접미사의 적기.' 제7장 '한자어 적기'로 된 점은 이전의 규정과 달라진 점이다.

「조선말 규범집」(1966)에서는 이전의 규정에서 보여주었던 '자모의 순서와 그 이름', '어간과 토의 표기', '합성어 표기', '접두사와 어근의 표기', '어근과 접미사의 표기' 등의 표현이 '자모의 차례와 이름', '어간과 토의 적기', '합성어의 적기', '접두사와 어근의 적기', '어근과 접미사의 적기' 등으로 표현되고 있다. 즉 '순서'가 '차례'로, '표기'가 '적기'로 표기되고 있다.

구체적인 내용에서 된소리 및 설측음 표기는 1954년의 규정과 일치하며, 다만 '하'의 'ㅏ'가 줄어진 'ㅎ'의 표기에서는 거센소리로 적기를 원칙으로 하였으나 '아니하다'의 경우에는 예외 규정을 두어 '않다'만을 인정하였다. 한자어의 발음에 있어서도 앞 시기와 같이 한자의 본음을 따라 적는 것을 원칙으로 하고 있으나 일부 한자어는 변한 소리대로 적도록 규정하였다.

(3)「조선말 규범집」 시대(1987)

「조선말 규범집」(1987)은 '맞춤법', '띄여쓰기', '문장부호법', '문화어 발음법'으로 체재를 이루고 있으며, '맞춤법'은 제1장 '조선어 자모의 차례와 이름', 제2장 '형태부의 적기', 제3장 '말줄기와 토의 적기', 제4장 '합친말의 적기', 제5장 '앞붙이와 말뿌리의 적기', 제6장 '말뿌리와 뒤붙이(또는 일부 토)의 적기' 제7장 '한자말 적기'로 구성되어 있다. 「조선말 규범집」(1987)에서는「조선말 규범집」(1966)과 비교할 때 내용 면에서 달라진 부분은 없으나 사용된 어휘는 '밑줄기, 합친말, 앞붙이, 말뿌리, 뒤붙이' 등의 용어에서 보이는 것처럼 이전의 '어간, 합성어, 접두사, 어근, 접미사' 등의 용어를 순수한 우리말로 표현하였다. 이러한 점은 남한과 비교하여 볼 때 더 두드러진다.

지금까지 북한의 맞춤법 규정 중 '소리'에 관한 부분을 체재, 어휘, 내용으로 나누어 그에 따른 변천 과정을 살펴보았다.

1945년 8·15 광복 이전 남쪽과 북쪽에서 같이 쓰이던 1933년 한글맞춤법은 통일안은 그 이후 북쪽에서는 1948년「조선어 신철자법」,

1954년 「조선어 철자법」, 1966년 「조선말 규범집」의 수정·보완을 거쳐 1987년 「조선말 규범집」을 지금까지 사용하고 있다. 1948년 「조선어 신 철자법」 이후 남쪽과 북쪽의 맞춤법 규정의 가장 큰 변화는 북한이 남 쪽의 규정과는 다르게 맞춤법 규정 대부분에 걸쳐 형태를 밝혀 적는 형 태주의 원칙을 지키고 있다는 점이다.

다음 단락에서는 남북한 맞춤법 통일 방안에 대하여 살펴보겠다.

3. 남북한 맞춤법 통일 방안

언어가 민족의 정신을 표현한다고 할 때, 여러 학문 중에서도 국어학 분야의 교류와 통일 방안의 대비는 반세기에 걸쳐 있었던 분단의 아픔 을 극복하고 동질감을 회복한다는 차원에서 더 중요시된다. 특히 말을 쓰는 통일된 규칙을 나타내는 맞춤법의 통일 방안은 다른 어느 분야보 다도 우선시 되어져야 하는 부분이라고 생각한다.

이 단락에서는 남북한 맞춤법 '소리'에 관한 부분의 통일 방안에 대하 여 ① 체재의 통일성, ② 용어의 통일성, ③ 내용의 통일성이라는 세부 단락을 정하고 그 각각에 대하여 절충설과 복수설을 중심으로 통일 방 안을 제시하여 보겠다.

1) 체재의 통일성

체재의 통일성에 있어서는 우선 '소리'에 관한 부분을 남한의 맞춤법 규정에서 보여준 것과 같이 하나의 항목으로 놓을 것인지, 아니면 북한의 맞춤법에서 보여준 것과 같이 '조선어 자모의 차례와 이름', '형태부의 적기', '말줄기와 토의 적기', '합친말의 적기', '앞붙이와 말뿌리의 적기', '말뿌리와 뒤붙이(또는 일부 토)의 적기' '한자말 적기' 같은 각론을 두고 거기에 해당하는 '소리'에 관한 부분을 다룰 것인지부터 결정해야 한다.

또 이러한 체재의 통일 방안이 모색되었다면 동일한 계층성 안에서 '소리'에 관한 부분의 세부 항목을 정하는 것이 중요하다고 생각된다.

이 글에서는 체재에 있어서는 소리에 관한 부분을 따로 한 항목으로 두는 남한의 것보다는 모든 항목에서 소리에 관한 항목을 다룰 수 있는 북한의 맞춤법 체재를 따르는 것을 제안한다. 왜냐하면 남한의 한글 맞춤법(1988)의 경우 그 규정을 살펴보면 '소리'에 관한 부분은 제3장 '소리에 관한 것'에서만 다루어지는 것이 아니라 제4장 '형태에 관한 것'에서도 다루어지고 있기 때문이다. 즉, '소리에 관한 것'이라는 단락을 정하는 것 자체가 모순을 가지고 있다.

'체재'의 통일 방안

제1장 총칙
제2장 '자모'
제3장 '형태부'

제4장 '어간과 접사'

제5장 '합성어'

제6장 '접두사와 접미사'

제7장 '어간과 어미의 적기'

제8장 '한자말 적기'

제9장 '외래어'

제10장 '띄어쓰기'

부록 표준말/문장부호

2) 용어의 통일성

용어의 통일성에 있어서는 북한에서 쓰이고 있는 용어처럼 고유한 우리말에 바탕으로 한 맞춤법 규정의 용어로 정할 것인가, 아니면 남쪽에서 보편화되고 널리 쓰이고 있는 한자어를 바탕으로 할 것인가가 문제가 된다. 또 각 장의 제목에 해당하는 용어를 선정하는 문제에 있어서도 임홍빈(1997)에서 밝힌 바와 같이 일관성을 유지해야 한다고 생각한다. 예를 들면 맞춤법의 항목을 정할 때 '소리에 관한 것'의 표현에서 나타나는 것처럼 '~에 관한 것'이라고 쓸 경우 이러한 표현은 다른 항목에도 적용되어 '자모에 관한 것', '띄어쓰기에 관한 것' 등으로 다루어져야 할 것이다.

이 글에서 용어의 통일 방안은 남한과 북한에서 쓰이고 있는 용어를 다 수용하는 것을 원칙으로 한다. 공통적인 용어는 그대로 수용하고, 같은 내용을 나타내는 다른 용어는 복수안을 채택한다. 이러한 점은 시간의 흐름에 따라 언어 공동체에 의하여 더 많이 사용되고 있는 용어를 자연스럽게 선택할 수 있는 근거를 제시한다는 점에서 효과적이라 하겠다.

예를 들면 남한과 북한의 공통적인 용어인 '총칙, 자모, 형태' 등은 그대로 쓰고 남한과 북한이 다른 용어는 '합성어/합친말', '접두사/앞붙이', '접미사/뒤붙이', '어간/말줄기' 등에서 보이는 것처럼 '/'를 이용하여 북한의 용어를 병기한다.

리기원(1999)에서는 남한의 1999년 2월 9일부터 문화관광부에서 추진되고 있는 한자 병기 정책에 대하여(정부 공문서, 도로표지판, 새로운 주민등록증)에 대하여 '민족의 존엄과 자주권을 짓밟는 천추에 용서 못할 매국 매족 행위이며 범죄 행위'라고 말한 것을 보면 용어의 통일 또한 상당한 어려운 문제라고 생각된다.

그러나 남북한 언어 이질화의 극복에서 용어의 통일은 반드시 이루어져야 하고, 또 우선시되어야 하는 부분으로, 남북한 통일 언어정책에서 이러한 부분에 대한 포괄적인 연구와 해결 방안이 있어야 할 것이다. 왜냐하면 한글 전용 정책을 바탕으로 한 북한의 정책과 언어의 고유성과 외래 요소가 합쳐져서 발전된 남한의 정책은 너무나 다른 결과를 초래하였기 때문이다. 구체적인 용어의 통일 방안을 제시하면 다음과 같다.

'용어'의 통일 방안

공통적인 용어 : 총칙, 자모, 형태, 된소리
다른 용어 : 한글/조선말, 합성어/합친말, 접두사/앞붙이, 접미사/뒤붙이, 어간/말줄기, 한자어/한자말, 조사/토, 어근/말뿌리

---

3) 내용의 통일성

체재의 통일성, 용어의 통일성을 기초로 한 내용의 통일성은 전술했었던 맞춤법의 통일 방안에 있어서 가장 중요한 부분으로, 이 단락의 가장 핵심적인 부분은 된소리, 구개음화, 'ㄷ'소리 받침, 모음, 두음법칙의 통일 방안을 제시하는 것이다.

내용의 통일 방안을 제시하는 데 있어서 기본이 되는 원칙은 남북한 맞춤법 규정의 공통적인 부분은 그대로 수용하고, 남북한 맞춤법 규정에 있어서 다른 부분은 예외 조항이 없는 일관성을 가졌다고 판단되는 규정을 선택하고, 선택된 규정에 있어서도 예외적인 내용을 다루는 부분은 공통적인 부분으로 흡수하는 방안을 제시한다.

즉, 남한의 '된소리' 규정에서 보여지는 것처럼, '한 단어 안에서 뚜렷한 까닭 없이 나는 된소리는 다음 음절의 첫소리를 된소리로 적는다.'라는 조항을 두고 '다만 ㄱ, ㅂ 받침 뒤에서 나는 된소리에 대해서는, 같은 음절이나 비슷한 겹쳐 나는 경우가 아니면 된소리로 적지 아니한다.'라는 예외 규정을 두고 있는데, 같은 조항 안에 이러한 예외 규정을 두는 것보다는 일관성을 가진 하나의 공통된 규정을 두는 것이 통일 방안의 원칙을 세우는 데 중요하다고 생각한다.

(1) 된소리

남한의 맞춤법에서 제5항 '된소리'의 경우 '한 단어 안에서 까닭 없이 나는 된소리는 다음 음절의 첫소리를 된소리로 적는다.'고 하면서 그것에 해당하는 경우를 두 모음 사이에서 나는 된소리, 'ㄴ, ㄹ, ㅁ, ㅇ' 받침 뒤에서 나는 된소리로 한정시키고 있다. 하지만 다음 줄에서 예외의 경우를 적용하여 'ㄱ, ㅂ' 받침 뒤에서 나는 된소리는, 같은 음절이나 비슷한 음절이 겹쳐 나는 경우가 아니면 된소리로 적지 아니한다고 하면서 이러한 예를 '국수', '깍두기', '딱지', '색시', '싹둑', '법석', '갑자기', '몹시'로 들고 있다. 이러한 경우는 제13항 '한 단어 안에서 같은 음절이나 비슷한 음절이 겹쳐 나는 부분은 같은 글자로 적는다'라고 하는 부분과 연관되는 것으로 그러한 예를 '딱딱, 쌕쌕, 씩씩' 등으로 들고 있다. 즉, 제5항 '된소리' 규정과 제10항 '겹쳐 나는 소리'는 비슷한 내용을 다루고 있으나 된소리 표기에 있어서는 일관성을 유지하지 않는 것으로 여겨진다. 즉, 제5항과 제10항의 내용은 예외 항목 안에 또 다른 예외 항목을 둔 것과 마찬가지인 것으로 'ㄱ, ㅂ' 받침 뒤에서 나는 된소리는 모두 다 된소리로 표기하거나, 또는 모두 표기하지 않거나 해야 한다고 생각한다. 또 까닭 없이 나는 된소리라는 표현도, 까닭 없는 경우가 과연 얼마나 객관성을 띠고 있는지, 객관성을 띠고 있다면 그 구체적인 내용은 무엇인지 좀 더 자세하게 밝혀주어야 한다고 생각한다.

그리고 북한의 「조선말 규범집」(1987)에 제시된 '된소리'에 관한 조항은 남과 북이 차이가 나는 점으로 '～ㄹ가' '～ㄹ수록' 등의 '토'에서는 된소리로 나더라도 된소리로 표기하지 않는다고 하고 있다. 이러한 점은 맞춤법의 기본 원칙인 형태주의를 따르고 있는 것으로, 이 경우 북쪽의 견해를 받아들이는 것이 타당하다고 생각된다.

구체적인 된소리의 통일 방안을 제시하면 다음과 같다.

'된소리'의 통일 방안

한 단어 안에서 나는 된소리는 다음 음절의 첫소리를 된소리로 적는다.

① 두 모음 사이에서 나는 된소리

예 소쩍새 어깨오빠 으뜸 아끼다 기쁘다 깨끗하다 어떠하다 해쓱하다 가끔 거꾸로 부썩 어찌 이따금

② 'ㄴ, ㄹ, ㅁ, ㅇ' 받침 뒤에서 나는 된소리

예 산뜻하다 잔뜩 살짝 훨씬 담뿍 움찔 몽땅 반짝반짝 벌써 활짝 알뜰알뜰 움쭉움쭉

③ 한 단어 안에서 같은 음절이나 비슷한 음절이 겹쳐 나는 부분은 같은 글자로 적는다. (ㄱ을 취하고 ㄴ을 버림.)

ㄱ	ㄴ
딱딱	딱닥
쌕쌕	쌕색
씩씩	씩식
똑딱똑딱	똑닥똑닥
쓱싹쓱싹	쓱삭쓱삭
연연불망(戀戀不忘)	연련불망
유유상종(類類相從)	유류상종
누누이	누루이

④ 조사(토)에서는 'ㄹ' 뒤에서 된소리가 나더라도 된소리로 적지 않는다. (ㄱ을 취하고 ㄴ을 버림)

ㄱ	ㄴ
−ㄹ가	−ㄹ까
−ㄹ고	−ㄹ꼬
−ㄹ소냐	−ㄹ쏘냐
−ㄹ지라도	−ㄹ찌라도

(2) 구개음화

구개음화 규정은 남한에서는 널리 보편화된 규정이고, 북한의 맞춤법 규정에서는 구개음화에 관한 조항이 없지만, 구개음화에 관한 조항은 1933년 「한글 마춤법 통일안」에서 다루어졌던 부분이기 때문에 남북한 맞춤법 통일 방안에 포함되야 한다고 생각한다.

남한의 맞춤법의 구개음화에 대한 조항은 형태주의에 원칙을 두고 있지만 발음법에서 그 문제를 해결하고 있는 것으로 구개음화의 통일 방안을 제시하면 다음과 같다.

> **'구개음화'의 통일 방안**
>
> 'ㄷ, ㅌ' 받침 뒤에 종속적 관계를 가진 '−이, −히'(종속적 모음) 가 올 적에는 그 'ㄷ, ㅌ'이 'ㅈ, ㅊ'으로 소리 나더라도 'ㄷ, ㅌ'으로 적는다. (ㄱ을 취하고 ㄴ을 버림.)

ㄱ	ㄴ
부디	부지
해돋이	해도지
굳이	구지
같이	가치
걷히다	거치다

(3) 'ㄷ' 소리 받침

남한의 제6항 'ㄷ' 소리 받침에 대한 규정과, 북한의 제3항 받침 "'ㄷ, ㅌ, ㅅ, ㅆ, ㅈ, ㅊ' 가운데서 어느 하나로 적어야 할 까닭이 없는 것은 관습대로 'ㅅ'으로 적는다."는 규정을 공통적으로 수용할 수 있는 맞춤법 규정을 정하는 것이 타당하다고 생각한다.

> **'ㄷ' 소리 받침의 통일 방안**
>
> 'ㄷ' 소리로 나는 받침 중에서 'ㄷ'으로 적을 근거가 없는 것은 'ㅅ'으로 적는다.
>
> **예** 덧저고리 돗자리 엇셈 옷어른 핫옷 무릇 사뭇 얼핏

(4) 모음

남한의 맞춤법 제8항과 북한의 맞춤법 제26항을 다 수용하여 규정을

정한다.

'모음'의 통일 방안

① '계, 례, 메, 폐, 혜, 예'의 'ㅖ'는 'ㅔ'로 소리 나는 경우가 있더라도 'ㅖ'로 적는다. 다만 '게송(偈頌), 게시판(揭示板), 휴게실(休憩室), 게재, 게양대' 같은 경우는 본음대로 적는다. (ㄱ을 취하고 ㄴ을 버림.)

ㄱ	ㄴ	ㄱ	ㄴ
계수(桂樹)	게수	혜택(惠澤)	헤택
사례(謝禮)	사레	계집	게집
폐품(廢品)	페품	계시다	게시다
연예대	연에대	예술	에술

② '의'나, 자음을 첫소리로 가지고 있는 음절의 'ㅢ'는 'ㅣ'로 소리 나는 경우가 있더라도 'ㅢ'로 적는다. (ㄱ을 취하고 ㄴ을 버림.)

ㄱ	ㄴ	ㄱ	ㄴ
의의(意義)	의이	닁큼	닝큼
본의(本義)	본이	띄어쓰기	띠어쓰기
무늬(紋)	무니	씌어	씨어
보늬	보니	틔어	티어
오늬	오니	희망	히망
하늬바람	하니바람	희다	히다
닐리리	닐리리		

(5) 두음법칙

두음법칙 규정에 있어서 남쪽에서는 발음을 더 중요시하고 있으며, 북쪽에서는 형태주의 원칙을 따르고 있음을 감안할 때, 두음법칙의 통일안은 발음은 남쪽의 견해를 따르고 표기는 형태를 밝히어 적는 북쪽의 견해를 따르는 것을 제안한다. 즉, 발음을 두음법칙에 따라서 발음하되, 표기는 단어의 첫머리나 끝에서 모두 다 일관되게 해당 한자음 그대로 밝히어 적는 것을 제안한다.

'두음법칙'의 통일 방안

한자어 'ㄴ, ㄹ' 두음의 표기의 경우 한자의 본음을 모두 밝히어 적는다.

예			
	녀자(女子)	년세(年歲)	니토(泥土)
	닉명(匿名)	남녀(男女)	당뇨(糖尿)
	결뉴(結紐)	은닉(隱匿)	신녀성(新女性)
	공념불(空念佛)		남존녀비(男尊女卑)
	락원(樂園)	뢰성(雷聲)	래일(來日)
	루각(樓閣)	로인(老人)	릉묘(陵墓)

지금까지 남북한 맞춤법 통일안 중 '소리'에 관한 부분을 체재와 어휘, 내용으로 나누어 복수설과 절충설을 중심으로 살펴보았다.

1945년 8 · 15 광복 이전 남쪽과 북쪽에서 같이 쓰이던 1933년 한글맞춤법은 통일안은 남과 북이 분단된 이후 많은 차이점을 나타내고 있는데 특히 내용에서는 두음법칙, 구개음화 등에서 현저한 차이를 나타내고 있다. 남북한 맞춤법 통일안의 기본 원칙과 그 세부사항을 세우기에 앞서 언어정책의 통일 방안이 우선 연구되고 논의되어야 할 부분이라고 생각된다.

제 2 장

북한의 언어예절

제2장 북한의 언어예절[1]

이 글에서는 김동수(1985), 리상벽(1975)에 나타난 북한의 언어예절과 1990년대 이후의 계칭별 유형화의 문제, 일상생활에서의 언어예절에 대하여 살펴보고자 한다.

북한어의 언어예절은 다른 분야와 마찬가지로 주체적 언어사상(김정일, 1961)과 사회주의적 생활양식의 요구에 맞게(권승모, 1990.1)[2] 언어

1　이 글은 장은하, 「북한의 언어예절」, 김민수, 『김정일 시대의 북한언어』, 태학사, 1997를 수정·보완한 것이다.

2　사회주의적 생활양식에 맞게 언어생활을 개선하기 위한 몇 가지 방도
　① 로동계급적인 어휘와 표현들을 적극 살려 씀으로써 인민의 언어생활이 혁명적이고 전투적인 기백이 차고 넘쳐나도록 한다.
　② 언어생활을 근로인민대중이 알기 쉽게, 쓰기 편리하게 해나가는 기풍을 세운다.
　③ 고유어 어휘들과 표현들을 더 많이 찾아내고 적극 살려 씀으로써 우리말을 근로인민대중에게 더욱 친숙하고 아름다운 말로 되게 한다.
　④ 문화적이며 례절 바른 언어생활기풍을 세운다.
　⑤ 인민적이고 과학적인 문화어규범에 맞게 말을 하고 글을 쓰는 기풍을 세운다.

의 실천적인 면을 강조함으로써 언어의 사회적 기능을 강조하고 있다. 1990년대의 김일성의 주체사상 및 언어정책을 계승하고 있으며 부분적으로는 언어정책 전반에 걸쳐 주체사상의 발전이라는 차원에서 현실적으로 지양 내지 반전의 경향을 나타내고 있는(김민수 : 1996.9) 김정일의 언어리론은 김정일의 1961년 담화[3], 1963년 담화[4], 1964년 담화[56]에 나타나 있다. 이것의 주된 내용은 언어생활에서 주체를 세우고 문화성을 높이는 것으로 문화어를 사회주의적 민족어의 전형이라고 언급하고 있다.

문장의 언어예절은 문장 안의 요소들 사이의 어울림을 나타내는 것으로 이것은 주로 말하는 사람의 여러 가지 태도가 직접 반영되는 교체형식인 입말체에서 주로 나타난다. 이 글에서는 북한의 언어예절에 대하여 김동수(1983), 리상벽(1975)을 중심으로 요약하고 북한의 계층 형태의 유형화 문제, 일상생활에서의 언어예절을 1990년 이후의 문헌을 중심으로 살펴보고자 한다.

1. 언어례절

김동수(1983)에서는 언어례절의 진수란 위대한 수령에 대한 끝없는

---

3 『문화어학습』, 1994년 2호
4 『문화어학습』, 1995년 4호
5 『문화어학습』, 1994년 1호, 『조선어문』, 1994년 1호
6 『문화어학습』, 1995년 1호

존경과 흠모를 표현하는 것이라 하고 있다. 즉, 언어라는 특수한 사회적 현상을 표현수단으로 한다는 특성으로 하여 그의 변화 발전이 언어발전 법칙과 언어정책에 관계되며, 사회적 관계의 총체로서의 사회제도와 맞물려 변화 · 발전한다고 하고 있다.

김동수(1983)에서는 조선말 례절법을 조선어의 례절관계 표현 수업, 주체형의 공산주의 혁명가들이 지켜야 할 언어례절의 근본 문제, 일상생활에서의 언어례절로 나누어 설명하고 있으며, 조선어의 례절관계 표현 수법은 이야기를 듣는 사람에 대한 례절관계를 나타내는 수법과 이야기에 오른 사람에 대한 례절관계를 나타내는 수법을 각각 문법적 수단, 문장론적 수법(말법을 바꾸는 수법, 에두르는 수법)으로 나누어 설명하고 있다. 주체형의 공산주의 혁명가들이 지켜야 할 언어례절의 근본 문제로는 위대한 수령님에 대한 언어례절을 다루고 있으며, 일상생활에서의 언어례절은 높이는 언어례절, 같이 대하는 언어례절, 낮추는 언어례절로 나누어 설명하고 있다. 리상벽(1975)에서는 위대한 수령 김일성 동지에 대한 존경과 흠모의 정을 나타내는 어휘와 표현 및 위대한 수령님의 교시와 로작 전문을 전달하는 화술을 설명하고 있다.

김일성에 대한 칭호 및 존칭어는 김일성 사후에도 변함없이 "위대한 수령 김일성…, 경애하는 수령…, 경애하는 최고사령관 동지…"로 유지되고 있으며, 김정일에 대한 칭호는 1994년 이전 문헌에는 "친애하는 지도자 김정일 동지…"로 서술되었던 것이 1995년 이후 문헌에는 "위대한 령도자 김정일 동지…"로 모두 바꾸어 서술되고 있다.

1990년대 이후 일상생활에서의 언어례절은 청년과 언어례절(한선희, 1992), 로인들에 대한 언어례절(김영걸, 1993), 직장에서의 인사말(오정식, 1993)에 대하여 언급하여 언어의 사회적 기능에 대한 중요성을 말하고 있으며, 또 고등중학교 2학년 교과서에 기록된 '말하기와 언어례절'에서는 사회주의적 생활규범의 중요한 요구의 하나로서 말하기와 언어례절에 대하여 언급하고 있다. 그 구체적인 내용을 살펴보면 다음과 같다.

1) 이야기를 듣는 사람에 대한 례절관계 표현수법

례절수법 관계구분	말차림토				어휘적 수단			말법을 바꾸는 수법			
	알림	물음	시킴	추김	사람대명사	느낌말	부름말				
존경	《습니다/ㅂ니다》 계렬 습/ㅂ니다, 습/ㅂ디다,답니다. 랍디다. 리다	습/ㅂ니까습/ㅂ디까깝디까리까	십시요세요	십시다	저 저희 그대	예 아니 천만에 옳(아) 글쎄 옛습니다 옛어요 … +ㅂ니다요	+님 +동지 +어른 +이시여 +선생님	추김	물음	알림	알림
경	《+요》 계렬 ㄴ걸요, 던걸요, ㄴ데요, 로군요, 더군요, 구만요, 누만요, 아요/어, 어요, 지요, 마요…	ㄴ가요, ㄹ가요, 지요, 나요, ㄹ지요, 던가요 …	라요 시라요 아요/ 어여요	자요 자구요	당신 귀+						
비존경 같음	지 ㄴ걸 는걸, 던걸, 더라니, 더라니까 로구만 요, 오/소, 다오/라오, 습/ㅂ데네, 다네 데, 군, 구려 마구 아/	나, 는가, 던가, 느지, ㄹ지, 던지, ㄹ가	게 시오 오/소 구려 라구	세 ㅂ세 자구	나 우리 너	응, 아무렴, 그래, 아니, 천만에 옛소…	○○야! ○○! ○○이 여, 여보 여보게 동무	시킴	시킴 또는 추김		물
비존경 낮음	단다 로다 아리/어여라, 구나, 누나, 더라, 마 다. 라 어, 여, 야	냐, 니 느냐, 더냐. ㄹ소냐, 랴	라 아라 렴 렴아 려무나	자, 자꾸나	너희	응, 그래, 오냐, 암 그렇구말구, 옜다, 흥, 셋…		시킴			음

2) 이야기에 오른 사람에 대한 례절관계 표현수법

표현수법 / 구분	문법적 수단			어휘적 수단							에두르는 수법
	존경토	격 주격	토 여격	명사	형용사, 부사 등	동사,	이름말	대명사 가리킴	돌이 킴	성구 속담	
존경	시	께서	께	존경의 뜻을 가진 단어	중성적인 것		+동지 +님 +선생님 +어른	이 그 저 +이 분 이 동지 손님 선생	자신	정중한 것 또는 중성적인 것	에두르는 표현
비 존 경	같음	○	가	중성적인 것			이름 직무 직위 +동무	이들 그 저사람 저동무	저 자기 자신		보통 표현
	경멸 증오		이	경멸, 증오의 뜻 또는 뜻빛갈을 가진 단어	경멸, 증오의 뜻 또는 뜻빛갈을 가진 단어	경멸, 증오의 뜻 또는 뜻빛갈을 가진 단어	+넘 +녀석 +자식 +년…	이 그 저 +년 놈 자식 녀석 자	제놈	경멸, 야유, 증오적인 것	

3) 위대한 수령님에 대한 언어례절

(1) 위대한 수령님에 대하여 말을 하거나 글을 쓸 때의 언어례절

① 존칭토 《시》를 쓴다. (이때 주격토 《가/이》 대신에 《께서》를 쓴다.

  예 위대한 수령 김일성 동지께서는 다음과 같이 교시하시었다.

② 여격토 《께》를 쓴다.

  예 김정숙 동지의 빛나는 생애, 그것은 위대한 수령님께 끝없이 충성 다한 조선 공산주의자의 거룩한 한생이었습니다.

③ 존경의 뜻을 가진 단어가 따로 있으면 그런 단어를 골라 써야 한다.

- 위대한 수령님께 대하여 글을 쓰거나 말을 할 때《주무시다, 계시다, 말씀하시다》와 같은 동사들을 골라 써야 최대의 존경을 표시할 수 있다.

- 위대한 수령님께 대하여 정중히 표현한 단어가 주어로 되는 경우 그 풀이하는 말에《있다》라는 뜻이 표현될 때에는 반드시 "계시다"를 쓴다.

- 불완전명사가 주어로 되는 경우 불완전명사와 관계되는 규정어에는《시》를 붙여야 최대의 존경을 나타낼 수 있다.

- 《교시하시다》,《현지지도하시다》,《친솔하시다》,《령도하시다》, 심려하시다》,《보살피시다》등과 같은 단어들은 위대한 수령님을 정중히 표현하기 위하여 쓰인다.

- 《모시다》는 위대한 수령님의 영상과 동상, 초상화, 위대한 수령님을 형상한 미술작품, 사적비들을 정중히 표현하기 위하여도 쓰인다.

- 《드리다》는 보통 존경의 뜻을 가진 여격토《께》를 함께 써서 최대의 정중성을 보장한다.

- 《심려》,《배려》,《선물》과 같은 단어들도 위대한 수령님과 관련하여 정중하게 쓰인다.

- 《가르치심, 보살피심, 부르심》등과 같은 단어들은 새로 만들어진 단어로서 정중하게 쓰인다.

- 《성함(존함), 안광, 안색, 신상, 저택》같은 단어들도 정중하게 골라 써야 한다.

- 존경을 나타내는 불완전명사《분, 이》를 옳게 정중하게 써야 한다.

- 《그분, 그이》와 같은 표현은 덕성실기에서 위대한 수령님을 모시는 말의 반복을 피하고 보다 정중하게 표현하기 위하여 쓰인다.
- 위대한 수령님에 대한 정중한 표현에서 돌이킴 대명사는 《자신》만이 쓰인다.
- 부사 《몸소, 친히, 손수》와 같은 단어들은 《직접》과 대응되는 것으로서 위대한 수령님께 대하여 정중히 표현할 때 쓰인다.

④ 위대한 수령님을 정중히 일러 모시는 말에는 위대한 수령님의 존함 또는 다른 이름말에 《님》이나 《동지》를 붙인 이름들이 쓰인다. / 위대 수령님을 친어버이로 모시고 있는 끝없는 자랑과 긍지를 안고 《우리》, 《어버이》, 《아버지》 같은 단어를 앞에 붙여 일러 모시기도 한다.

예   일월천추로 기다리던 우리 장군님 소식을 전해주어서 고맙소!
    위대하신 수령님, 영명하신 장군님, 경애하는 최고사령관동지

⑤ 위대한 수령님에 대한 표현을 보다 정중하게 하기 위하여 에두르는 표현을 쓴다.

예   사령관 동지, 점심식사는 준비된 지 오랩니다. 그런데 벌써 저녁때가… 아침식사도 번지시고…

⑥ 위대한 수령님께서와 다른 사람이 이야기에 오를 때 그 사람에 대한 존경 표현을 제한하거나 표현을 낮춤으로써 위대한 수령님께 대한 최대의 높은 존경을 나타낼 수 있다.

예   이 녀석아, 어서 장군님께 큰절을 올려라.

⑦ 위대한 수령님께 대한 표현(단어 결합 또는 문장)은 문장(또는 전체 말과 글)의 제일 앞에 내세운다.

> **예**　위대한 수령 김일성 동지의 불후의 고전적 로작『주체사상의 가치를 높이 들고 사회주의건설을 더욱 다그치자』를 최근 이딸리아 우니따 출판사가 책으로 출판하였다.

(2) 위대한 수령님께 말씀을 드리거나 글을 올릴 때의 언어례절

① 가장 높이는 정중한 말차림토(《-습니다/ㅂ니다》 계렬의 토들)를 쓴다.

> **예**　위대하신 어버이 수령님이시여, 부디 만수무강하십시오.

② 존경의 뜻과 관련된 단어 표현들을 정중하게 골라 쓴다.
- 사람대명사《나, 우리》 대신《저, 저희(들)》을 쓴다.
- 위대한 수령님을 높이 우러러 부르는 말에서는 호격토 없이 쓰인다.
- 위대한 수령님께 말씀을 드리거나 어버이 수령님의 교시를 받는 경우에는 감동어(《예! 그렇습니다, 옳습니다, 아닙니다》)를 정중하게 써야 한다.

③ 위대한 수령님께 말씀을 드릴 때 말법을 바꾸는 수법으로 표현을 할 수 있다. 이때《시킴》의 말법은 될수록 피하고 추김이나 알림(청원) 또는 물음의 방법으로 바꾸어 표현한다.

예 　어버이 수령님, 좀 더 안정하시고 휴식하여주시기 바랍니다. 일
　　과를 지켜주셨으면 좋겠습니다.

4) 위대한 수령 김일성 동지에 대한 존경과 흠모의 정을 나타내는 어휘와 표현 및 위대한 수령님의 교사와 로작 전문을 전달하는 화술

(1) 위대한 수령 김일성 동지에 대한 존경과 흠모의 정을 나타내는 어휘와 표현

① 경애하는 수령 김일성 동지에 대한 존경과 흠모의 정을 나타내기 위한 어휘와 표현들을 잘 어울러 써야 한다.
　● 경애하는 수령 김일성 동지에 대한 존경과 흠모의 정을 나타내기 위해서는 주격토《가, 이》대신에《께서》를 써야 한다.
　● 경애하는 수령 김일성 동지에 대한 존경과 흠모의 정을 나타내기 위해서는 여격토《에게》대신에《께》를 써야 한다.
　● 경애하는 수령 김일성 동지에 대한 존경과 흠모의 정을 나타내기 위해서는 존경토《시》를 붙여 써야 한다.

② 경애하는 수령 김일성 동지에 대한 존경과 흠모의 정을 나타내기 위해서는 존경어를 써야 한다.
　예 　그들은 사령관 동지를 뵈옵자 북바치는 감격을 억제할 수 없었
　　다.

③ 경애하는 수령 김일성 동지에 대한 존경과 흠모의 정을 나타내기 위한 발음법상 원칙을 잘 지켜야 한다.
  • 경애하는 수령 김일성 동지의 존함, 그이의 가르치심 또는 그 내용을 전달할 때에는 정확하고 정중하게 그리고 천천히 경건한 마음으로 발음해야 한다.

④ 위대한 수령님의 존함은 앞뒤에 사이를 약간 두고 정중하고 경건하게 발음하여야 한다.

(2) 위대한 수령 김일성 동지의 교시를 인용하여 전달하는 화술

① 경애하는 수령 김일성 동지의 교시에 주의를 집중하게 하며 두드러지게 하는 화술
  • 경애하는 수령 김일성 동지의 교시 인용문 앞뒤에 긴 끊기를 둔다.
  • 경애하는 수령 김일성 동지의 교시에 주의를 집중시키며 두드러지게 표현하기 위하여 말투를 바꾼다.
  • 경애하는 수령 김일성 동지의 교시에 주의를 집중시키며 두드러지게 하기 위하여 소리빛깔을 달리하는 것(소리의 높낮이를 바꾸거나 소리의 성질을 바꾸는 것)이다.
  • 경애하는 수령 김일성 동지의 교시에 주의를 집중시키며 두드러지게 표현하는 수법의 하나는 말의 속도를 늦추는 것이다.

② 경애하는 수령 김일성 동지의 교시를 인용하여 전달할 때 정서적 전

달법[7]을 쓰는 화술

- 강의한 의지와 혁명적 원칙성을 반영한 어조에는 목소리의 긴장도가 높고 발음의 탄력이 세며 높낮이의 굴곡이 현저하고 속도가 느리면서도 박력이 있어야 한다.
- 치하와 고무의 뜻이 반영된 어조에서는 비교적 높고 기쁨에 넘친 어조로 다정하면서도 호소성이 강한 표현으로 되어야 한다.
- 사람의 정을 나타내는 뜻을 반영한 어조에서는 사랑의 감정은 낮으며 부드럽고 느리게 하면서도 마디마디에 애정이 넘쳐야 한다.

(3) 위대한 수령 김일성 동지의 로작 전문을 전달하는 화술

① 위대한 수령 김일성 동지의 로작 방송에서는 최대의 정확성을 보장하여야 한다.

- 위대한 수령님의 로작 원문에 철저히 립각하여 문화어발음법 규범대로 발음하여야 한다.
- 위대한 수령님의 로작 전문 전달에서 끊기를 바로 하여야 한다.
- 위대한 수령님의 교시 원문에서 문장의 소리마루를 정확히 찾아야 한다.
- 위대한 수령 김일성 동지의 로작 전문전달에서는 말의 속도를 잘 조절하여야 한다. 알아들을 수 있게 말하는 보통 속도는 1분간

---

7 전달법에는 론리적 전달법과 정서적 전달법이 있다. 론리적 전달법이 의미를 전달하는 것이라면 정서적 전달법은 의미와 아울러 사상 검정을 합쳐 전달하는 수법이다.

260~270자이지만 여기에서는 250~260자로 하는 것이 좋다.

② 위대한 수령 김일성 동지의 로작 전문 방송에서 정중성과 진실성을 철저히 보장하여야 한다.

- 목소리를 잘 조절하여야 한다. (목소리 발성의 기준 음정을 바로 찾고 목소리를 꾸미지 않는다.)
- 위대한 수령 김일성 동지의 로작 전문 방송은 말투에서 정중성과 진실성을 보장하여야 하며 문체에 맞는 말투와 어느 하나의 기본 테두리 안에서도 내용의 요구에 따라 색채를 달리하여야 한다.(글 말식으로 쓰여진 로작 원문에서는 읽기투 억양을 기본으로 하여 표현하고 입말체로 쓰여진 로작은 입말투의 수법을 쓴다. 문체의 특성과 내용에 따라 기본 말투가 바뀌는 것으로 연설의 기본 말투는 입말투나 또는 입말투와 어울리며 축하하는 내용에서는 진심으로 고무하는 감정을 나타내는 읽기투 또는 입말투의 억양이 쓰인다.)

5) 일상 사회생활에서의 언어례절

(1) 높이는 언어례절

(가) 이야기에 오른 웃사람에 대하여 말할 때 지켜야 할 언어례절

① 존칭토《시》를 붙이며 이야기에 오른 웃사람에 대한 존경을 표시한다.

② 존경의 뜻 또는 뜻빛갈을 가진 단어들을 골라 써서 높이는 언어례절

을 표시할 수 있다.

- 웃사람에 대하여 높이는 언어례절을 표시하기 위하여서는 그의 행동, 성질, 상태와 관련한 단어들을 씀에 있어서 존경과 비존경이 짝을 이루고 있는 단어들 중에서 존경의 뜻 또는 뜻빛갈을 가진 단어들을 골라 써야 한다.

- 짝을 이루는 비존경의 단어《주다, 말하다, 보다, 먹다, 자다, 있다(없다)》등에 존칭토《시》를 붙여서 높이는 례절을 표시해서는 안된다.(먹으셔요, 있으십니까 등) 례절적으로 중성적인 것과 경멸, 증오, 야유적인 것이 짝을 이루고 있는 경우에는 중성적인 것을 써야 하며 경멸, 야유, 증오적인 것만 있는 경우에는 쓰지 말아야 한다.

- 웃사람을 가리키는 대명사를 쓸 경우에는《이, 그, 저》에 웃사람을 이르는 말(직무, 직위, 이름, 기타, 다른 표식)을 붙여서 쓰거나《분, 이, 동지》등을 붙여 쓴다.

- 웃사람을 가리키는 돌이킴 대명사는《자기》또는《자신》을 쓰며《제》는 쓰지 않는다.

- 웃사람을 이르는 경우에는 친족관계의 이름을 쓰거나(아버지, 외할머니, 고모, 매부) 사회적 지위 또는 직무, 이름 등에《동지, 선생님, 어른》등을 붙여 쓴다.

- 웃사람에 대하여 친족관계의 이름으로 이르는 경우에 거기에《님》을 붙여 쓰면 좀 더 존대하는 것으로 된다.

- 웃사람의 행동, 성질, 상태, 풍모 등과 관련하여 성구와 속담을 쓸 때에는 경멸, 야유적인 뜻이 담긴 것은 피하고 정중한 것이나 중성적인 것을 써야 한다.

③ 웃사람의 행동, 성질, 상태를 표현할 때 에두르는 수법을 잘 써서 례
절을 표시할 수 있다.

(나) 말을 듣는 웃사람에게 말할 때 지키는 언어례절

① 우리말의 말차림토들 중에서 높임의 말차림토를 써야 한다.

- 높임의 말차림토들 중에서《습니다/ㅂ니다》계렬의 토들은 주로
  공식적인 환경에서 쓰이며 사적인 분위기에서 쓰이는 경우는 보다
  정중하고 높이는 례절 표시로 쓰인다.

- 높임의 말차림토들 중에서《습니다/ㅂ니다》계렬의 토들보다 덜
  높이기는 하지만 주로 사사로운 환경에서 높이는 례절 표시로 쓰
  이며 공적인 환경에서는 따라서 이 계렬의 토들은 녀성들과 어린
  사람들 속에서 그리고 녀성들에게 말할 때 많이 쓰이며 어린 청중
  을 대상으로 하는 강의나 방송, 교육적 환경을 비롯하여 아래사람
  을 대접하여 말할 때 쓰인다.

- 높이는 언어례절을 표시하기 위하여 쓰이는《요》계렬의 토들은 높
  임의 말차림토들 중에서《습니다/ㅂ니다》계렬의 토를 쓸 수 있는
  자리에 대신 쓰이는 경우도 있지만 같은 갈래의 말법을 나타내는
  맞음토이지만 뜻빛갈이 같지 않아서《습니다/ㅂ니다》계렬의 토를
  쓸 수 없는 경우에 주로 쓰인다.

- 한 대상에게 말하면서 높이는 례절을 지킴에 있어서 높임의 말차
  림토들 중에서《습니다/ㅂ니다》계렬의 토와《요》계렬의 토를 섞
  어서도 쓴다.

- 말을 주고받을 때 한 개 단어로 된 문장으로 어떤 내용을 풀이할

때에도《습니다/ㅂ니다》와《요》계렬의 토를 붙이어 높이는 언어례절을 표시한다. 이때《습니다/ㅂ니다》계렬의 토는 앞에《말》을 붙이여《말 + (이)ㅂ니다》형태로 쓰일 수 있다.

② 사람대명사를 쓰는 데서 노인의 말차림을 잘 지켜야 한다.
- 사람대명사의 쓰임에서 말을 듣는 사람을 높이여 가리키는 것보다 말하는 사람 자신을 겸손하게 낮춤으로써 상대방을 높이는 것으로 되게 하는 수법이 발전되어 있다. 따라서 높임의 말차림을 지키기 위하여서는 겸손성을 띤 사람대명사《저, 저희, 저희들》을 쓴다.
- 사람대명사로 쓰이는《당신, 당신들》은 주로 공식적인 글에서 상대편을 높이며 가리킬 때 쓰인다.

③ 부름말을 잘 가려 써야 한다.
- 친적 관계에서 웃사람인 경우에는 친적 관계의 이름을 부른다.(아버지, 어머니, 고모 등) 좀 더 대접해서 부르려면 여기에《님》을 더 붙여 부른다.
- 사회적으로나 나이로 보아 웃사람인 경우에는 여러 가지로 높여 부를 수 있다, 상대방의 직무나 직위 또는 이름 뒤에《동지》를 붙여 부른다.
- 사회적 지위나 나이로 보아 웃사람인 상대방이 비록 자기와 친적 관계가 아니라 하더라도 친적 관계 이름으로 부를 수 있다. 이것은 상대방에게 더욱 친근한 느낌을 준다.
- 웃사람에 대하여 그의 직급이나 직무 뒤에《님》이나《어른》을 붙여 부르는 경우도 있다. 이것은 주로 나이 많은 사람들이 사회적으로

일정한 직위에 있는 사람을 부르는 경우이다.

- 《여보십시오, 여보세요》는 주로 전화로 상대방을 부를 때 쓰이며 직접 마주하여 할 때에는 모르는 사이에 쓰인다. 모르는 사이에 쓰이는 '여보십시오'는 상대방을 높여 부르는 것으로는 되는 그의 일반적 표식을 잡아 부르거나 나이를 고려하여 친적 관계 이름을 부르는 것보다 덜 친근하고 딱딱한 느낌을 준다.(동지, 선생님, 아주버님……) 따라서 존경의 대상에 따라서 삼가야 한다.
- 보고나 토론, 연설이나 강연 등에서 대중을 부르는 경우에는《동지들》,《여러분》이라고 하든가 장소와 대상에 따라서 그 앞에 그들의 작업이나 직무(직위)를 붙여 부를 수 있다. 그 밖에 일반 담화에서 여러 사람을 부르는 경우에는 높이 부르는 말에 복수도《들(네들)》을 붙여 부를 수 있다.(선생님들, 손님들, 할머니들 등)

④ 느낌말을 잘 골라 써야 한다.
- 웃사람과 말할 때에는 감동사로 이루어진 느낌말이나 감동사와 같이 쓰인 다른 품사의 단어로 이루어진 느낌말이나 다 례절적으로 골라 써야 한다. 감동사로 이루어진 느낌말을 쓰는 경우에는 상대방에 대한 경멸, 야유, 낮춤의 느낌이나 태도의 뜻빛갈을 가진 것은 피하고 중성적이거나 높이는 태도의 뜻빛갈을 가진 것을 써야 한다.
- 다른 품사의 단어에서 이루어진 감동사나 감동사와 같이 쓰인 다른 품사의 단어로 만들어진 느낌말을 쓰는 경우에는 거기에 높임의 말차림토를 적절하게 붙여 높이는 례절을 표시할 수 있다.

⑤ 말법을 바꾸어 웃사람에 대한 언어례절을 표시한다.

- 웃사람에게 명령조로 말하는 것을 피하고 실례로 생각하면서 시
킴의 말법을 피하고 다른 말법으로 에둘러 말하는 것으로 상대방
에 대한 존경의 언어례절을 표시할 수 있다. 따라서 웃사람에게는
시킴의 말법대로 권하는 형식, 묻는 형식, 의견을 말씀되는 형식의
문장을 만들어 쓴다.

(다) 높이는 례절표현의 어울림

웃사람에 대한 높이는 언어례절을 바로 지키기 위하여서는 이야기에
오른 사람을 높이는 언어례절 표현 수단과 수법들을 서로 어울리고 말
을 듣는 사람을 높이는 표현 수단과 수법들을 또한 서로 어울려 쓴다.

(2) 같이 대하는 언어례절

(가) 이야기에 오른 사람을 같이 대하는 언어례절

- 일상적인 대화나 글에서 대등한 사람에게는 존칭토《시》나《말씀,
주무시다》와 같은 존경의 뜻 또는 뜻빛갈을 가진 단어를 사용하지
않는다.
- 이야기에 오른 대등한 사람의 행동, 성질, 상태와 관련한 단어를
씀에 있어서는 경멸, 증오의 뜻 또는 뜻빛갈을 가진 것들을 피하고
중성적인 것을 써서 그를 존중하여야 한다.
- 대등한 사람을 가리키는 경우에는 대명사《이, 그, 저》에 그의 직
무나 직위, 이름을 붙여 쓰거나《동무, 사람, 친구》등을 붙여 쓴다.

(대명사《그》는 그것만으로도 쓸 수 있다.)

- 대명사《이, 그, 저》에 직무나 직위를 붙여 말하는 경우에도 그 뒤에《동무》를 더 붙이는 것이 정중한 표현으로 된다. 따라서 공적인 장소나 사회적 분위기에서 말할 때에는《그 실장 동무》,《저 배우 동무》,《이 명실 동무》 등으로 쓰는 것이 좋다.
- 대등한 사람을 돌이켜 가리키는 경우에는《자기, 제》를 쓰며《자신》은 삼간다.
- 대등한 사람에 대하여 이야기할 때 그의 행동, 성질, 상태와 관련하여 성구나 속담을 쓰는 경우에는 경멸, 야유적인 뜻이 담긴 것은 될수록 피하고 중성적인 것을 써야 한다. 그러나 아주 친숙하고 허물없는 사이에는 경멸, 야유적 성구나 속담을 쓸 수 있다.
- 대등한 사람이 이야기에 오를 때 그에 대한 례절 표시가 일상의 생활에서 모든 경우에 꼭 같은 것은 아니다. 즉 대등한 사람에 대하여 아래사람에게 이야기할 때에는 이야기에 오른 사람이 말을 듣는 사람에게 웃사람으로 되기 때문에 일정하게 높이는 례절을 표시하고 대등한 사람에 대하여 웃사람에게 이야기할 때에는 말을 듣는 웃사람을 존중하면서도 자신의 동무에 대한 례절 바른 언어 행위가 느껴지도록 적절한 표현을 써야 한다. 또 대등한 사람에 대하여 다른 대등한 사람에게 이야기할 때에는 같이 대하는 례절 표현을 적절하게 하여야 한다.

(나) 말을 듣는 사람을 같이 대하는 언어례절

① 우리말의 맺음토들 중에서 같음의 말차림토를 써야 한다.

② 상대방을 부르는 말과 가리키는 대명사를 잘 골라 써야 한다.

- 대등한 사이에는 상대방의 직무나 직위, 이름 등에《동무》를 붙여 부른다.

- 말을 주고받는 대등한 사람들 사이가 보다 친숙하고 허물없는 사이이며 상대방을 직무나 직위, 이름만으로 부를 수 있다.

- 과학, 교육, 보건 기관에서 일하는 일군들 속에서 대등한 사이에는 흔히《선생》이라고 부른다. 이때 그 앞에 이름이나 성, 직급 등을 붙여 부를 수 있다.

- 서로 모르는 사이이지만 나이나 기타 표식으로 보아 대등한 사람은《여보세요》,《동무》라고 부를 수 있다. 이런 경우에 보다 친근하게 부르려면 그의 일반적 표식을 이르는 말에《동무》를 붙여 부른다.

- 부부 사이에는《여보》라고 부르며 갓 결혼한 사이에는 이름이나 성에《동무》를 붙여 부르기도 한다. 나이가 많은 사람들 속에서《하게》를 쓸 수 있을 정도로 가깝고 허물없는 사이에는《여보게》라고 부르기도 한다.

- 대등한 사이에는 말하는 자신에 대해서는《나(내), 우리(우리들)》를 쓰지만 상대방을 가리킬 때는《당신, 그대, 너》등을 쓴다.

③ 느낌말을 잘 골라 써야 한다.

(3) 낮추는 언어례절

(가) 이야기에 오른 사람을 낮추는 언어례절

① 이야기에 오른 아래사람에 대한 언어례절을 지키기 위하여서는 그의 행동, 성질, 상태와 관련한 단어나 표현에서 중성적인 것을 써야한다. 성구 속담을 쓰는 데서도 아래사람이라 하여 너무 저속하거나 비문화적인 것을 쓰지 말아야 한다.

② 아래사람에 대한 이름말은 그의 이름이나 직무, 칭호를 쓰거나 거기에 《동무》를 더 붙여 쓸 수 있다.

③ 아래사람을 가리킴대명사로 이를 때에 《이, 그, 저》를 그대로 쓰거나 《이, 저》는 복수로 《들》을 붙여서만 쓴다. 거기에 다른 이름말들을 붙여 쓴다.

④ 아래사람에 대하여 이야기할 때 환경과 대상에 따라 《놈, 녀석, 자식》과 같은 표현도 쓸 수 있다.

⑤ 아래사람과 관련하여 이야기의 장면과 대상에 따라 가볍게 야유하거나 얕잡는 단어나 표현들을 더러 쓸 수 있다.

⑥ 계급적 및 민족적 원수들에 대하여 이야기할 때에는 우리말에 다양하게 발전되어 있는 경멸, 증오, 야유적인 단어들과 표현들을 골라 써야 한다.

(나) 말을 듣는 사람을 낮추는 언어례절

① 낮춤의 말차림토를 써야 한다.

② 아래사람에게 느낌말과 부름말, 사람대명사를 바로 써야 한다.

- 아래사람에게는 대등한 사람이나 웃사람에게도 두루 쓰이는《아, 오, 에그, 이키, 아차, 아이구, 아니, 원, 저런, 에그머니》등과 같은 느낌말을 쓸 수 있다. 그러나《응, 그래, 오냐, 암, 아니야, 아무렴, 옳아, 옛다, 아서, 아서라, 흥, 에끼, 체, 피》같은 일부 느낌말은 아래사람에게만 쓰인다.

- 느낌말들 가운데서《오냐, 암, 아서, 아서라》등은 로인적인 성격을 띠고 있어서 주로 늙은이들이 어린 사람에게 쓴다.

- 아래사람을 부르는 경우에는 보통 직무, 직위, 등을 쓰며, 거기에 호격토《야(아)》를 붙여 부를 수 있다. 호격토 없이 이름만을 부르는 것은 호격토를 붙이는 것보다 조금 높이는 느낌을 주며 이름이나 성 뒤에《동무》를 붙여 부르는 것은 상대방을 보다 존중하는 것으로 된다.

- 낮추는 대상과의 이야기에서 사람대명사를 쓰는 경우에는 자신에 대하여는《나(내, 우리)》를 쓰며 상대방은《너(너희들)》을 쓴다.《자네》는 나이가 비교적 많은 사람들 속에서 아래사람을 조금 존중하는 경우에 쓰이므로 젊은 사람이 써서는 안 된다.

2. 계칭 범주

언어례절은 언어행위에 등장하는 사람들의 관계 즉 나이와 사회적 직위 및 친족적 계렬에서 차지하는 여러 관계에 따라 구별되는 것으로(김동수, 1983 : 138), 요시노 히로시(1988)에서는 경어법의 화계(話階)에 있어서 제1기[8], 『조선어문법』(1949)에서는 《해라》, 《하게》, 《하오》, 《존대》, 《반말》의 5단계로, 제2기, 『조선어문법』(1960)에서는 《존대》, 《하오》, 《하게》, 《해라》, 《반말》, 《-요》의 6단계로 나누고 제3기부터는 화계를 크게 《높임》, 《같음》, 《낮춤》의 3단계로 나누었다. 렴종률(1980)과 리근영(1985)에서는 이 3단계를 6단계로 나누었으며, 렴종률(1980)에서는 《해》 계렬을 《낮춤》 안에 리근영(1985)에서는 《같음》 안에 넣었다. 제4기, 『조선어문』(1990.4), 심인현(1991)에서는 5가지, 6가지의 계칭 계렬은 어떤 계렬성도 존재하지 않으며 그러한 예의적 의미 표시의 대상이나 예의적 태도도 분화되어 있지 않다는 것을 보여준다고 해서 5가지, 6가지의 계칭 계렬을 부정하였다.

심인현(1991)에서는 말차림 체계와 계렬 문제에 대하여[9] 이전과는 다

---

8   김민수(1996b : 1)에서는 북한의 언어정책을 철자 개정을 중심으로 삼은 시대 구분과 철학적 배경을 중심으로 삼은 시대 구분으로 제시하였다.
      ① 철자 개정 기준   ② 주의 사상 기준
      제1기 1945~1954(「통일안」 공통)   제1기 1945~1963(김일성 : ML주의)
      제2기 1954~1966(「조선어 철자법」)   제2기 1964~1983(김일성 : 주체사상)
      제3기 1966~1987(「조선말 규범집」)   제3기 1984~1996(김정일 : 주체사상)
9   문장은 《진술 내용+진술성》으로 이루어지는 것으로 진술성은 진술 내용이 실현되게 하는 문법적 계기를 주는 문법적 수단에 의해 대표된다. 진술성의 실현 방식으로는 말차림, 법범주, 양태성 범주가 있다.

르게 말차림류형에는《높임》,《같음》,《낮춤》의 3가지 체계와《반말》토
계열이 따로 있음을 주장하였다. 사회적 지위에 대응하는 말차림은 일
반 말차림토가 나타내는 말차림의 체계로 이루어지며 인간적 친밀관계
에 대응하는 말차림은 일반 말차림토와《반말》계열토에《요》덧붙여
표현되는 형태로 이루어진다고 하였다.

제4기(1987~),『문화어학습』(1988)에서는 화계를 다음의 3가지로 나
누고 있다.(요시노 히로시, 1988)

① 말하는 사람과 듣는 사람 사이가 높여야 할 대상일 때는 높이는 토를
   써야 한다.
   •《-습니다/ㅂ니다》계열의 토들과《요》계열의 토
   •《습니다/ㅂ니다》계열의 맺음토
   •《요》계열의 맺음토

② 말을 듣는 상대방인 자가 동무들인 경우에는 대등한 관계에서 쓰이
   는 맺음토를 쓴다.

말차림은 말하는 사람이 듣는 사람과의 관계 속에서 언어적으로 나타내는 례의
의 표시로 언제나 법과 함께 한 형태로 나타나고, 법범주는 말하는 사람이 진술
내용과 현실과의 관계를 말을 듣는 사람에게 세운 이야기의 목적의 견지에서 표
현하는 문법적 범주이며(알림, 물음, 추김, 시킴), 양태성 범주는 말하는 사람이
진술 내용에 대하여 취하는 립장과 태도를 반영하는 것으로 례를 들면 긍정, 부
정, 가능성, 불가능성, 금지 등 여러 가지로 다양하게 나타낸다.
양태성 범주와 법은 사물 현상에 대한 말하는 사람의 인식에 기초하여 의지 심리
적 계기를 담고 있는 체계가 직접 작용하는 것으로 진술 내용과 직접 관련이 있
으며 말차림은 진술 내용과 직접 관련이 없는 것으로 말을 듣는 사람에 대한 말
하는 사람의 사회도덕관계 례의적 관계만을 반영한다.(심인현, 1991)

- 대등한 관계에서 쓰이는 맺음토 → 《오, 소, 네, 구려》 등

③ 말을 듣는 상대방에게 낮춤의 맺음토를 쓰는 경우에는 대체로 아는
　　사람 사이에 친근감을 줄 수 있도록 자연스럽게 써야 한다.
- 맺음토 → 《-ㄴ다, ㄴ냐, 니, 라, 자, 렴, 지》

『조선어문』(1990. 4호)에서는 《높임》, 《같음》, 《낮춤》의 체계가 사람들
사이 예의적 의미 표시의 기능성에 가장 가깝게 접근한 현실적이며 실
천성이 있다고 하였다. 즉 《존대-해요-하오-하게-해라》의 5가지 계칭
계열과 《하십시오-해요-하오-하게-해-해라》와 같은 6가지 계칭 계열
은 어떤 계열성도 존재하지 않으며 그러나 예의적 의미 표시의 대상이
나 예의적 태도도 분화되어 있지 않다고 하였다. 즉, 이것은 지난날 사
람들의 사회적 관계가 계급관계, 신분관계의 여러 층으로 분화되어 있
던 당대 현실을 반영한 관습화된 언어의식에 근거하여 세워진 계칭 유
형이라고 하였다.

　김순국(1990)에서는 높임의 말차림을 나타내는 토 《요》는 같거나 낮
추는 말차림을 나타내는 토들과 어울려서 쓰인다고 하였으며, 심인현
(1991)에서는 말차림 체계와 계렬 문제에 대하여 말차림 류형에는 《높
임》, 《같음》, 《낮춤》의 3가지 체계와 '반말'토 계렬이 따로 있음을 주장
하여 말차림이 사회적 지위에 대응한 말차림과 인간적 친밀관계에 대응
하는 말차림으로 구분된다고 하였다.

　사회적 지위에 대응하는 말차림은 일반 말차림토가 나타내는 말차림
의 체계로 이루어지며 인간적 친밀관계에 대응하는 말차림으로 구분된
다고 하였다.

사회적 지위에 대응하는 말차림은 일반 말차림토가 나타내는 말차림의 체계로 이루어지며 인간적 친밀관계에 대응하는 말차림은 일반 말차림토와 《반말》 계렬토에 《요》가 덧붙여 표현되는 형태로 이루어진다고 하였다.

말차림토의 체계에서 《반말》토의 구분되는 특성에 대하여서는 첫째로 《반말》토가 말차림 관계를 분명하게 나타내는 것을 피하려는 데로부터 쓰기 시작한 토라는 데 그 특성이 있으며, 둘째로 입말체토로서의 《반말》토들 중에서 토 《렴아》를 제외한 모든 토에 《요》가 직접 붙어 쓰일 수 있으며 이때 독특한 자기의 의미 기능을 원만히 수행한다는 데 그 특성이 있으며, 셋째로 《반말》토는 높임에서 쓰이는 일은 없고 쓰임 조건에 따라 《같음》이나 《낮춤》의 의미만을 가지고 자유롭게 쓰인다는 점에서 그 특성을 가지며, 넷째로 《반말》토는 구체적인 쓰임에 들어가지 않을 때에는 어떠한 말차림의 의미도 가지지 않는다는 점에서 그 특성을 찾아볼 수 있다고 하였다.

즉, 《반말》 계렬토는 그 자체로서 《반말》 계렬에 소속시키며 그것에 《요》를 덧붙인 형태를 《높임》 체계에 넣지 않는다는 것으로 《반말》토는 《높임》에는 물론 《같음》이나 《낮춤》에도 소속시키지 않고 있다.

심인현(1991)에서 나타낸 우리말 맺음토의 갈래는 다음과 같다.

맺음	형태	뜻법	알림	물음	추김	시킴
친밀관계도	《높임 – 친밀》		요	요	요	요
	친밀				나	나

말차림표						
말차림표	일반말차림표	높음	습니다/ㅂ니다, 답니다, 습디다/ㅂ디다, 답디다, 랍니다, 랍디다	습니까/ㅂ니까,답니까/랍니까, 답디까/ㅂ디까	ㅂ시다	십시오
		같음	오/소, 다오, 라오, 네, 다네, 습데/ㅂ데	나, 던가, ㄹ가	세, ㅂ세, 자구	시오, 게
		낮춤 (반말계열도)	데, 군, 구만, 누만, 로군 로구만, 더군, 더구만, 시고, 아/어/여.ㄴ걸, 던걸 는걸, 자, ㄹ걸, ㄴ데, 는데, 던데, 더니, 라더니 라더니까, ㄹ게, ㄹ래, 다구야, 라구야	다지, 라지, ㄴ지, 는지, 던지, ㄹ지, ㄹ는지		구려, 라구, 렴, 렴아
			란다, 단다, 누나, 구나, 로구나, 더구나, ㄹ라, 더라, 마, 야	냐, 느냐, ㄴ가, 더냐, ㄹ소냐, 는가	자꾸나, 자	아라/어라/여라, 려무나, 라
	중성토	중성	아라/어라/여라, 다, ㄴ다, 는다, 노라, 리라, 리다, 로다, 도다	랴, 리까		

3. 김정일에 대한 칭호 및 존칭어

김정일에 대한 칭호 및 존칭어는 1994년 이전 문헌에는 "위대한 지도자 김정일 동지…"로 서술되었던 것이 1995년 문헌에는 "위대한 령도자 김정일 동지…"로 바꾸어 서술되고 있다. 구체적인 예를 살펴보면 다음과 같다.

- "친애하는 지도자 김정일 동지께서 밝히신 위대한 수령님의 혁명적 문풍을 구현하는 데서 견지하여야 할 원칙과 방도에 관한 사상"(김해일, 1990)
- 친애하는 지도자 김정일 동지께서는 새말을 만들어내는 것을 가장 신중하게 책임적으로 진행하여야 한다는 것을 첫째로는 원칙적 요

구로 제시하였다.(심인현, 1991)

- "친애하는 지도자 김정일 동지께서 창시하신 독창적인 언어 생활 리론은 주체시대의 요구에 맞게 언어생활을 개선 발전시키기 위한 위대한 강령적 지침"(정순기, 1993)
- "위대한 령도자 김정일 동지께서 주체적 언어사상을 심화 발전시 키기 위한 불멸의 사상리론적 업적"(문영호 : 1995)
- "위대한 령도자 김정일 동지께서 밝히신 언어의 본질과 기능에 관 한 리론"(최정후 : 1996)

4. 생활과 언어례절

1) 청년과 언어례절

한선희(1992)에서는 청년들이 오늘뿐만 아니라 래일의 모습과 기풍 을 엿볼 수 있게 하는 매우 중요한 위치에 있다고 하면서 청년의 언어례 절에 대하여 언급하고 있다.

① 다른 사람들을 존경하고 친절하게 대하기 위하여 존경하는 뜻이 담 긴 표현들을 써가며 말을 하여야 한다.
- 사람을 부르거나 가리킬 때 상대편을 높여주는《동무》,《동지》또 는《님》,《분》과 같은 말들을 쓴다. 토《야》와《사람》을 가리키는 속 된 표현인《치》는 청년들 사이에서는 어울리지 않는다.

예 반장동무, 분조장동무, 할머님, 선생님

- 웃사람을 가리킬 때《이분, 저분, 그분》또는《이 동지, 그 동지, 저 동지》라는 말을 쓰며《령감》이나《로인》이라는 말은 례절에 어긋나는 말이다.

② 다른 사람을 언제나 겸손하게 대해야 한다.

- 사람을 가리키는 대명사 즉《나》,《내》,《우리》,《저희》,《저》,《제》 등을 상황에 맞게 잘 써야 한다.
- 다른 사람에게 무엇을 부탁하거나 요구할 때 직선적인 표현보다도 에둘러서 말해야 하며 맺음토에 있어서도 토《나》나《야》보다는《ㅂ니다》,《ㅂ니까》와 같은 높임의 토를 붙여 쓴다.

③ 인사성을 바로 지켜야 하는 것으로 대상과 정황에 따라 그에 어울리게 써야 한다.

2) 로인들에 대한 언어례절

김영걸(1993)에서는 청소년들이 례의적 관계를 나타내는 말들을 대상과 환경에 맞게 쓸 줄 알아야 한다고 지적하면서 로인들에 대한 언어례절에 대하여 언급하고 있다.

① 례의적 관계를 나타내는 단어들을 알맞게 골라 써야 한다.

② 례의적 관계를 나타내는 토들을 알맞게 골라 써야 한다. 즉 존경토
를 말을 하는 사람과 말에 오른 사람과의 관계를 다 고려하여 써야
하며, 시킴이나 추김의 뜻을 가진 높임토에 의해서도 로인들에 대한
언어례절을 지킬 수 있다.

예 할아버지, 아버지가 어데 갔습니까?

할아버지, 좀 기다려주십시오.

창고장 아바이, 이제는 떠날 시간이 되었습니다.

자제 문제는 좀 구체적으로 토의했으면 합니다.

제3장

현대국어 문장의 문체 연구

제3장 현대국어 문장의 문체 연구[1]

1. 문체와 국한문체, 한글체의 표현

　미디어의 발달과 IT 기술의 집약적인 발전으로 인류의 문명은 비약적으로 발전하고 있으며 그에 따른 SNS, 문자메시지, 노래가사 등에서 나타나는 언어생활과 습관도 다양하게 나타나고 있다.

　현 시대에 쓰이는 한국어의 문장은 문체의 변화의 흐름과 더불어 현 시대만의 어떠한 변별성을 가지고 있을 것인데 그 변별성은 무엇일까? 이 글에서는 현대국어의 문체의 변별성과 특징을 문체소의 구성성분을 이루는 표기요소인 국한문체, 한글체 표현을 중심으로 신문, 잡지, 소설 등에서 살펴보는 것이다. 어떠한 문장의 문체의 구성과 흐름은 그것을 이루고 있는 표기문자와 깊은 관련이 있는 것으로, 표기문자에 있어서

---

[1]　이 글은 장은하, 「개화기 시대 이후 문장의 문체 변화」, 홍종선 외, 『현대국어의 형성과 변천3』, 박이정, 2000을 수정 · 보완한 것이다.

한자는 중국의 문자이지만 국어와의 특수한 관계를 가지고 있기 때문에 문장의 문체에 중요한 영향을 끼쳤다.

현대국어 문체의 특징과 변별성을 알기 위해서는 현대국어가 시작되는 시점을 언제부터 볼 것인가 하는 시대 구분을 할 필요가 있어 보인다. 현대국어가 시작되기 이전에 개화기 시대의 대표적인 문체의 특징이 한문구 국한문체이고, 일제강점기 1910년부터 1945년까지의 대표적인 문체의 특징이 대부분의 품사에서 낱말의 일부분이 한자로 표기되는 점이라는 것을 볼 때, 우리말 한글체가 대부분의 장르에서 문체의 중심에 있는 1945년 이후를 현대국어의 문체가 시작되는 시점이라고 보고자 한다. 왜냐하면 1910년대 이전에는 1882년에 간행된 개신교계 쪽 복음서를 제외하고는 한문구조에 바탕을 둔 한문구 국한문체가 신문, 잡지, 교과서 등 여러 문헌에 걸쳐 나타나기 때문이고,[2] 1910년대부터 1945년까지는 개화기 시대보다 발전된 우리말 국한문체의 양상을 보이고 있지만 문장의 구성성분에 있어서 품사별로 그 표기 방식을 보면 용언의 일부나 부사, 보통명사, 불완전명사, 고유명사, 관형사 등 대부분의 명사와 공동격 조사가 한자어로 표기되는 것을 들 수 있다. 예를 들면 '變하야', '自願하얏다', '平和스러운', '決코', '合하야' 같은 표현이나 현대국어에서 쓰이고 있는 공동격 조사 '와', '과' 외에 '及'이라는 표현

---

2 개화기가 시작되는 시점을 언제부터 볼 것인가는 여러 견해가 있지만, 한자어를 의도적이라도 순수한 우리말 어휘에 바탕한 한글체로 바꾸어 쓰려고 했던, 영국 선교사 로스(John Ross) 등에 의한 개신교계 쪽 복음서가 간행된 1882년부터 그 시작을 잡고자 한다. 예를 들면 그 이전의 성경 번역서에서 '모친', '부친'으로 쓰이던 어휘가 1882년 『예수성교 누가복음젼셔』에서는 '오맘', '어맘'으로 쓰이고 있으며, 1962년에 개역된 계속 쓰이고 있는 『한글판 개역 관주 성경전』에서는 '내력'이라고 어휘가 1882년 로스 역에서는 '일운일' 등으로 쓰이고 있다.

을 써서 공동격 조사를 표현하고 있기 때문이다.

이러한 점으로 인하여 현대국어의 시대 구분은 동사나 부사, 고유명
사 등 일부 품사에서 낱말의 일부분이 한자로 표기되고, 외래어가 점차
증가되고, 아라비아 숫자가 사용되며, 한자를 병기한 것을 그 특징으로
잡을 수 있는 1945년부터 2000년대까지의 시기와 축약어, 생략어, 비표
준어 등의 증가와 한자어를 통한 은유적 표현, 외래어가 한 낱말의 일부
분이나 한 문장 안에서 변별적 의미의 구분을 위하여 필요에 의해 쓰이
고 있으며, 외래어 한글 병기가 같이 이루어지는 그 이후의 시기로 나누
고자 한다.

2000년대 이후에는 그 이전에 나타나던 낱말의 일부분이 한자로 표
기되던 방식이 "N빵으로 더치페이", "中 기업 제재, 北 자금유입 경로
원천봉쇄", "LCC(저비용항공사) 1위 자존심 3분기 최대실적" 등의 예
에서 나타나는 것처럼 의미의 구분을 확실히 하기 위하여 더 다양한 형
태의 문체적 접근이 나타나고 있다. 그리고 한자 병기는 개화기 시대,
일제 시대를 거쳐 광복 이후의 현 시점에 이르기까지 공통적으로 꾸준
하게 나타나고 있다. 한자 병기는 1999년 2월 9일부터 문화관광부에서
추진되고 있는 한자 병기의 방침에 따라, 정부공문서, 도로표지판, 주민
등록증에 쓰이고 있다. 또한 2018년부터 초등학교 3학년 국어, 사회 교
과서에 한글과 한자가 병기되는 정책이 시행된 것으로 볼 때 글을 읽는
독자가 효율성과 경제성에 바탕으로 하여 의미의 구분을 명확하게 하는
방향으로 문체의 흐름이 바뀌고 있는 것으로 추정된다.

즉, 이 글에서는 현대국어의 문체를 구어체로의 문체의 흐름이 일반
화되고 대부분의 문체에서 한글체가 중심이 되는 1945부터 2000년까지
의 시기와 한글체가 문체의 중심이 되기는 하지만 IT 기술의 발전과 소

셜 네트워크의 발달에 따라 축약어, 비어, 비표준어 등의 사용이 일반화된 그 이후의 시기로 나누고자 한다. 이 시기에는 한글로 된 문장의 문체에 한자와 외래어가 한 낱말의 구성에 일부분으로 사용되고, 사람 이름, 나라 이름 등 고유명사에 있어 한자 한 글자로 의미의 은유적 특성을 표현하고 있다.

문장의 문체의 구성과 흐름은 그것을 이루고 있는 표기문자와 깊은 관련이 있는 것으로, 1945년 이전의 한문구 국한문체에서 한문어 국한문체, 우리말 국한문체, 우리말 한글체로의 흐름은 근대국어를 마무리하는 기간이기도 하며, 동시에 현 시점에 이르는 문장의 문체를 드러내는 출발점이기도 하다. 이러한 시대적 흐름은 1945년 이후 큰 변화 점을 가지고 오게 된다. 이 시기에는 한문구 국한문체가 신문, 잡지, 교과서 등 대부분의 장르에서 거의 나타나지 않고 있으며 문어체에서 구어체로의 전환이 대부분 이루어진 점이 큰 특징이다. 또 이 시기에는 근대국어와의 차이를 나타내는 장문에서 단문으로의 이행, 언문일치, 국한문체의 사용으로 인한 한글의 사용의 증가, 종결어미에 있어서 '-ㄴ다, -았/었다' 등의 구어체적인 요소가 드러나는 차이점을 나타내고 있다.

1945년 이전의 한문구 국한문체에서 한문어 국한문체, 우리말 국한문체, 우리말 한글체로의 흐름은 동적언어이론의 어휘분절구조이론(Wortfeld-Theorie)과도 관계가 있다고 본다. 즉, 현대국어의 문장의 구성성분을 이루는 각각의 단어와 그 단어를 기반으로 한 현대국어의 어휘분절구조는 그 이전의 시기와 다른 어휘분절구조를 가지고 있는 것[3]

---

3 1910년대 이전에의 〈어버이〉 명칭 분절구조를 생각하여 볼 때 [父], [母]의 각각의 단어는 현 시점과는 다르게 어휘분절구조의 하나의 어휘소로서의 가치를 지

으로 해석된다. 즉, 한문구 국한문체, 한문어 국한문체, 우리말 국한문체, 그리고 우리말 한글체로의 흐름은 어휘분절구조의 통시적인 변화로도 설명이 가능할 것이다.[4] 그리고 2000년대 이후의 문장의 문체에서는 IT 기술의 발달, 소셜 네트워크의 발달로 인한 축약어, 생략어, 비표준어 등의 등장으로 인하여 기존의 문장의 문체에서 보여지지 않던 특징이 나타나고 있다. 즉, 외래어가 단어의 한 부분뿐만 아니라 문장의 한 성분을 차지하는 등 다양한 문체의 표현이 나타나고 있는 것으로 보아 어휘분절구조의 통시적인 변화에 있어서도 새로운 접근과 해석이 요구된다.[5]

이 글에서는 이와 같은 점에 유의하여 문체의 기본적인 유형을 문어체와 구어체를 1차 분류 항목으로 하고 이것을 각기 문체소의 구성성분인 표기 요소에 따라 크게 국한문체와 한글체로 나누고자 한다. 다시 세분하여 국한문체는 한문구 문장에 우리말 토를 단 현토문과 같은 한문구 국한문체, 국어의 통사 구조 안에서 한자어가 각각의 독립적인 위치를 나타내고 있는 한문어 국한문체, 현 시점에서 쓰이고 있는 우리말 국

니고 있으며, 또 분절구조에 있어서 원어휘소의 자리를 차지하고 있다.

4 장은하, 「현대국어 문장의 문체 연구」, 『우리어문연구』 58집, 우리어문학회, 2017, 265쪽 참조.

5 Trier는 어느 하나의 어휘분절구조가 시대와 더불어 어떻게 변하여가는가를 연구하였다. 어휘분절구조의 분절 바뀜(Umgliederung des Feldes)은 소쉬르(Saussure)의 언어 연구에 있어서 방법론적인 이원론을 극복하려고 한 것으로 그는 중세 도이치말 〈지성(Verstand)〉의 밭의 연구를 1200년대의 궁정문학 시대 및 1300년대의 Meister Eckehart 시대의 〈지성〉의 밭의 구조를 조사해서 양자를 비교하고 100년 동안에 있어난 밭의 내부적인 변화를 분절구조로 나타내었다. 이에 대하여는 허발, 『낱말밭의 이론』, 고려대출판부, 1981, 37~39쪽 참조.

한문체로, 한글체는 한문구를 그대로 음역한 한문구 한글체, 한문어를
그대로 음역한 한문어 한글체, 현 시점에서 쓰이고 있는 우리말 한글체
로 나누고자 한다. 각각에 해당하는 예문을 제시하면 다음과 같다.

(1) 地距三千里ᄒ니 以土地論之라도 不小之國이오 民有二千萬人口ᄒ니 以人
民言라도 不小之國이오…　　　　　　　　　　—『공수학보』2호(1907), 13쪽

(2) 氣候가 極熱ᄒ고 赤道를 離ᄒ야 南北을 進홀사로 日光이 叙照ᄒ여　氣候
의 溫가 漸減ᄒ며 雨極에 至ᄒ면…　—『嶠南敎育會雜誌』1권 4호(1909), 2쪽

(3) ……이를 위해 정부가 有事時 행동요령을 입안해 班常會를 통해 배포하
면……　　　　　　　　　　　　　　　—『월간조선』(1998. 12), 144쪽

(4) 무정세월이약류파(無情歲月이若流波)라. …… 스름마다 식벽줌이 깁히 들
어 만호천문정부정(萬戶天門靜復靜)이라.　　　　　—「목단화」(1907), 1쪽

(5) ……학도들이 실지를 시험코자ᄒ야 무부모한 아히들을 스다가……
　　　　　　　　　　　　　　　　　　　　　—「자유종」(1910), 5쪽

(6) 다이옥신은 또 명백한 발암물질이면서 내분비장애물질(환경호르몬)
　　　　　　　　　　　　　　　　　　　—『월간중앙』(1999. 7), 254쪽

(7) 中 기업제재, 北 자금유입 경로 원천봉쇄
　　　　　　　　　　　　　　　　　—『매경이코노미』(2016.10), 72쪽

(8) 실효성 없이 프리미엄만 올라갈 가능성 高
　　　　　　　　　　　　　　　　　—『매경이코노미』(2018.3), 40쪽

(9) 安 · 李 측 「文대세론 조직적 유포」, 文 「축제 망치지 말자」

—『조선일보』(2017.3), A5면

(10) 美 '北에 석유 차단' 카드 꺼냈다. —『조선일보』(2017.3), A1면

예문 (1)은 한문구 국한문체를 나타내고 있으며, 예문 (2)는 한문어 국한문체, 예문 (3)은 우리말 국한문체의 표현을 나타내고 있다. 예문 (4)은 한문구 한글체의 표현을, 예문(5)는 한문어 한글체, 예문 (6)은 우리말 한글체의 표현을 나타내고 있다. (7), (8), (9), (10)의 경우 우리말 국한문체이기는 하지만 고유명사를 나타내는 사람 이름, 나라 이름, 동사의 의미를 함축적 의미의 한자어 한 글자로 표현하기 위하여 쓰이고 있다. 이러한 표현은 한자어가 국한문체의 문체적인 표현이기도 하지만 은유적인 의미를 내포한다고 할 수 있다.

다음 단락에서는 이 부분에 대하여 예문을 중심으로 자세하게 살펴보겠다.

2. 광복 이후 문장의 문체(1945~2000)

1945년 이후 문장의 문체에 나타나는 특징은 우리말 국한문체와 우리말 한글체의 완성 단계라 할 수 있다. 문어체에 있어서 국한문체의 경우 개화기, 일제 시대를 거쳐 나타나던 한문구 국한문체, 한문어 국한문체는 점차 우리말 국한문체, 한글체로의 변화 과정을 겪었다. 1945년 이전에는 한문구 국한문체가 거의 나타나지 않지만 문장의 구성성분에

있어서 품사별로 그 표기 방식을 보면 용언의 일부나 부사, 보통명사, 불완전명사, 고유명사, 관형사 등 대부분의 명사와 공동격 조사가 한자어로 표기되는 것을 들 수 있다. 또 문장을 이루는 구성성분의 대부분이 한자어로 쓰여지지 않고 일반명사, 고유명사에 국한되어서 나타나고 있었으며 사용 빈도도 현격하게 줄어들었다. 수사의 경우 현 시점에 가까이 올수록 아라비아 숫자로 대부분이 표현되고 있었으며 외래어의 쓰임이 빈번하였다.

해방 직후에는 어휘 면에서 '인민'과 같은 단어가 드러나기도 한 것이 1945년 직후의 특징이기도 하다. 1999년 2월 9일부터 문화관광부에서 추진되고 있는 한자 병기의 방침에 따라, 정부공문서, 도로표지판, 새로운 주민등록증에 한자가 병기되어 쓰이고 있으며, 잡지나 신문의 경우 그 잡지의 성격에 따라 약간 다르기는 하지만 단락의 처음에 나오는 인명의 경우, 어려운 어휘나, 고사성어 같은 경우에 한자를 병기하고 있다. 그러나 『월간조선』(1999)에서는 인명을 나타낼 때 한자를 먼저 쓰고 괄호 안에 한글을 쓰는 한자 병기를 하는 것이 아니라 한글을 병기하는 표현도 있다.

문어체와 구어체로 나누어 예문을 중심으로 살펴보겠다.

(11) 天下公黨으로서 民主主義를 指向한다는 自由黨은 要컨대 李大統領의 意思를 절대로 받들고 期於이 實踐에 옮겨주는 政治的 集團으로서 어떤 政策을 내걸었다가도 總裁의 反對에 부닥치면 一言半句의 奏言도 없이 그냥 唯唯 順從 하는 정당이다.　　　　　　　　　　　　　—『동아일보』(1946.6.18), 1면

(12) 10日間 發言停止- 懲委. 윌리스 · 찔차事件에 決定-二十四日 下午 國會懲戒委員會는 世稱 일리스 찔차사건으로 國會의 威信을 損傷시켰다고 하여

國會法第百三條에 依據 梁暎注(自), 鄭相烈(自), 朴世俓(自), 金春鎬(自), 李存華(自)의 五議員에게 十日間發言停止의 懲戒處分을 내리기로 決定하였다.

— 『동아일보』(1946.6.18), 1면

(13) 但 純粹한 宗敎 學術親睦 體育을 目的으로하는 集會와 政黨 團體等으로서 黨憲 規約等에 依據하여 開催하는 役員會等은 이에 準하는 集會는 例外로 한다.

— 『동아일보』(1946.6.18), 1면

(14) 만일 自由의 理念이 人間의 價値를 決定하는 最高의 規則이라면 自由를 위하여 원수를 무찌르고 쓸어진 그들의 죽음을 어떻게 우리는 잊을 수 있을 것인가.

— 『동아일보』(1946.6.18), 1면

(15) 작 三일은 시내국민학교 진입학생들의 입학일이었다. 새나라의 어린이들은 우선 배우고 알아야 더 착하고 더 씩수한 나라의 주초가 되기 때문에 七八세가 되는 아동들은 누나없이 입학하였다.

— 『자유신문』(1949.9.40)

(16) ……반도 十여명이 침입국군 二명을 납치코저 가옥을 포위하였으나 아방경비대의 三十분 교전 끝에…….

— 『자유신문』(1949.10.18)

(17) 釜山市 凡一洞에 거주하는 李永贊군과 같은 무리의 金永子 양은 어버이들의 가리심에 따라 二십五일 결혼식을 올릴 예정이었다.

— 『동아일보』(1956.1.6), 3면

(18) 군산에 있는 부산제지 姜모가 동제지(製紙)의 입찰을 삽입하였을 때 이 역시 낙찰을 가능케한다는 이유로써 약 십만환을 金微洙씨가 착복하였다는 혐의를 받고 있다.

— 『동아일보』(1956.1.6), 3면

(11)~(18)은 문어체로서 신문에 나타난 우리말 국한문체를 나타내고 있다. 1946년 6월 18일자 신문에는 일반명사, 불완전명사, 부사, 동사의 일부분, 인명, 지명을 나타내는 데 대부분 한자 어휘를 쓰고 있지만 1949년 10월 18일자 신문, 1956년 1월 6일자 신문을 보면 보통명사, 지명을 나타내는 고유명사, 부사 등에서 한글 표현이 혼합되어 나타나고 있다. 수사의 표현에서는 한자가 대부분이나 아라비아 숫자 표현이 간혹 나타나기도 한다. 즉, 개화기 시대, 일제 시대를 거쳐 광복 직후의 문장의 문체에서 숫자의 표현은 예를 들면 '열흘'을 나타내는 표현의 경우 개화기 시대, 일제시대에는 '十日'이었다가 광복 직후에는 '十일'로 그리고 현 시점에는 아라비아 숫자를 써서 10일로 변화되고 있다.

(19) ···광해군 칠년 을묘(乙卯)이었다. 그때는 정인홍(鄭仁弘)과 리이청(李爾晴)이 권세를 잡았을 때다. ——『史話野談』 1호(1946.12). 15쪽

(20) 民主主義에 對한 아부라함·링칸의 定義 『人民을 爲한 人民에 依한 人民의 政府』라는 말은 너무나 有名한 말이며 이 定義가 簡潔하고도 正確하기 때문에 많은 사람들은 이 말을 잘 記憶하고 있다.
——『新朝鮮』 4호(1947.5), 5쪽

예문 (19)~(20)은 문어체로 잡지에 나타난 우리말 국한문체이다. 위의 예문들은 일반명사, 용언의 어간의 일부분, 관형사가 한자어로 쓰이고 있으며 어휘선택에 있어서 '인민'이라는 어휘가 쓰이는 점은 '국민'이라는 어휘와 함께 같은 어휘분절구조의 한 부분을 차지하고 있는 것으로 보인다.

(21) 지난 十一月 二十日 內閣으로부터 最高會議에 提案된 이 第一次經濟開發五個年計劃은 그 間各分科委員會와 審査小委員會를 거쳐……

—『동아일보』(1960.7.1), 1면

(22) 10日 사하라 사막에 있는 佛蘭西 宇宙센타에서는 모든 준비가 순조롭게 진행되고 있으며 모든 일이 제대로 된다면 佛蘭西 第3의 우주선 DIA호는 11日 午後 5時 중에 발사될 것이다.　　　—『조선일보』(1966.2.11), 2면

(23) 新設 韓銀팀은 五八년 渡日하여 九戰九勝의 全勝을 기록, 우리 여자농구의 장래성을 과시하였고 商銀팀 역시 六0년 日本에 遠程하여 九戰九勝의 戰績을 남겼다.　　　—『신동아』(1968.11), 139쪽

(24) 이 사선을 넘어가기 위해 黨이 일사불란하게 團合해야 한다고 호소.

—『동아일보』(1970.4.30), 2면

(25) 두 팔을 머리 위에 올리고 二km를 걸어 읍내에 있는 東山 및 防空壕 속의 政治保衛部로 끌려갔다.　　　—『신동아』(1974.1), 325쪽

(26) 민정당은 1월7일 오전 중앙당사에서 전국 77개 지구당(당시) 위원장회의를 소집, 事前선거운동에 따른 68개의 유의사항을 시달했다.

—『신동아』(1981.3), 137쪽

(27) 이들 중 한 인사는 김종필 전공화당 총재에 대해서도 JP(김종필)가 유신에만 참여하지 않았더라도 『10 · 26 후의 정국은 달라졌을 것』이라고 한 가닥 아쉬움을 토하기도 했다.　　　—『신동아』(1985.12), 221쪽

(21)부터 (27)은 문어체로 우리말 국한문체, 우리말 한글체를 나타내

고 있다. (21)에서 '지난-', '그-'의 표현은 이전에는 '作-'이나 '其-'의 표현에서 우리말 한글체로 더 진보된 모습을 보여준다. (22)의 숫자 표현은 아라비아 숫자로 표현되고 있으며 외래어를 원어 그대로 옮긴 것으로 전에는 없었던 표현이다. (23)에서는 용언의 어간의 일부가 한자어로 나타나고 있는데, 이러한 표현은 1910년대 초반에는 모든 문장에 대부분 적용되었으나 점차로 나타나지 않고 있다. 그리고 '六0년' 같은 표현은 '六十年', '六十년'에서 '60년'으로 가는 중간 단계를 잘 보여주고 있으며, 상업은행, 한국은행을 줄여서 쓴 '商銀' '韓銀' 같은 한자어의 쓰임을 볼 때, 한자어는 줄여 쓰는 말이나 강조를 두는 말, 의미 파악을 확실히 하기 위한 의도로 쓰인 것으로 추정된다.

(24), (25), (26)를 볼 때 시간이 지날수록 한자어의 쓰임은 줄어들고 있다. (27)은 사람 이름의 표현에 있어서 한자어로 쓰이던 표현이 영어 약자의 표현으로 등장하기도 하였으며, 이러한 표현은 현 시점에서는 어색하지 않은 표현으로 굳어져서 쓰이고 있다.

(28) 獨島는 가깝고도 먼 섬이다. …… 우리가 독도를 단지 동해 한가운데 떠 있는 조그만 섬으로 막연한 인식하고 있을 때 일본 측은 독도에 대한 망언을 서슴지 않았다.　　　　　　　　　　　　　—『新東亞』(1990.6), 604쪽

(29) 대학개혁은 크게 두 가지 내용이 있다고 생각됩니다. 하나는 대학과 관련된 사회의 개혁, 예를 들면 대학에 대한 재정지원이라든가 대학에 대한 일반정책 등을 들 수 있겠지요.　　　　　　　　—『新東亞』(1994.8), 514쪽

(30) 김대통령의 마음을 잘 읽는 사람 중 한명인 이강래(李康來) 정무수석비서관은 "김대통령의 정책은 순간상황에 끌려 정해지지 않는다. 그가 살아온

삶, 인생역정을 반영하며 그에 부합하는 정책이 대통령으로 부터 나온다."고
주변사람들에게 강조했다. ……87년 대선 때는 일부 극우세력의 'DJ 비토론'
이 먹혀 들었고, 92년 대선 때는 호남대(對)비호남 구도가 DJ를 좌절시켰다.

—『月刊중앙』(1998.8), 65쪽

(31) 고려 말, 정권의 그늘에 있던 사람들은 모두 고민 투성이었다. 폐가입진
(廢仮立眞 · 가짜를 폐하고, 진짜를 세운다는 논리)의 명분에 동조할 것인가,
충절로써 왕조를 사수할 것인가 하는, 죽음을 각오한 결단을 요구받았다.

—『月刊중앙』(1998.8), 67쪽

(32) 군부독재 시절 해직된 경험이 있는 재야 학자로, 경실련 등 시민운동단
체의 대표로 활동한 적이 있는 서울대 명예교수 변형윤(邊衡尹) 제2의 건국범
국민추진위원회(이하 건국위) 대표공동위원장, 강원룡(姜元龍) 크리스찬아카
데미 이사장, 강영훈(姜英勳) 세종재단 이사장 등 고문들과 정원식(정원식(鄭
元植) 대한직십자사 총재, 강문규(姜汶奎) 새마을중앙협회회장, 김상하(金相
廈) 대한상공회의소회장, 서영훈(徐英勳) 신사회공동선운동연합대표, 양순직
(楊淳稙) 자유연맹총재 등 공동위원장들과 문화부차관을 지낸바 있는 이어령
(李御寧) 상임위원장의 모습이 보였다.   —『新東亞』(1998.11), 146쪽

(33) 崔章集 위원장의 公人으로서의 자격시비와 鄭周永 회장의 金正日 면담
을 똑같은 차원으로 대해야 한다는 비약을 저지르고 있는 것이다.

—『月刊朝鮮』(1998.12), 141쪽

(34) 이 문항에 대한 조사 결과 鄭周永(정주영) 현대그룹 명예회장이 1백 9명
중 77명으로부터 추천을 받아『한국의 50대 기업인』중 1위를 차지했다. 鄭회
장은 개척정신과 업무 추진력, 그리고 기간산업을 육성해 한국 경제 발전에
기여했다는 점이 전문가들로부터 높은 평가를 받았다.

—『月刊朝鮮』(1999.10), 529쪽

(28)부터 (34)는 우리말 한글체, 우리말 국한문체의 표현을 보이고 있다. 한자어의 표현은 잡지나 신문의 성격에 따라 약간씩 다르게 표현되고 있지만 단락의 처음에 나타나는 고유명사나 쉽게 이해되지 않는 일반명사에 쓰이고 있다. 또 새로운 표현으로 한자를 한글 옆에 병기하거나, 한글을 한자 옆에 병기하는 표현이 나타나고 있다. (28)의 '독도'의 경우 단락의 처음에만 한자어가 쓰이고 있다. (32)는 한자 병기 표현을, (34)은 한글 병기 표현을 보이고 있다. 또 (33)과 (34)을 비교하여 볼 때 '정주영' 같은 고유명사의 경우 1998년에는 한자어만 표기되었던 것이 1999년에는 한자어 옆에 한글 병기 표현이 이루어지고 있다. 문화관광부에서는 1999년 7월부터 1970년부터 한글 전용으로 쓰이던 정부 공문서에 한자 병기 표현을 시행하였다. 행정자치부에서는 2000년 5월부터 발급되는 새로운 주민등록증에 한자 병기 표현을 추진하고 있다. (30)의 '호남 대(對)비호남'의 '-대(對)-' 같은 경우나, (31)의 '폐가입진(廢仮立眞)' 같은 단어의 경우 한자어 병기가 이루어지고 있다. 그러나 한겨레신문 같은 경우 한글체로 표현되고 있다.

(35) 전문가들은 1999년 예산안에서 보듯이 예산삭감 대상 중 순위는 그동안 비효율적으로 예산이 사용된 농업·교육 등의 분야와 경기부양효과가 없는 국방예산이 될 것이며……. ――『月刊朝鮮』(1998.12), 6쪽

(36) 정기적으로 일산호수공원에서 뛰던 사람들이 일산호수 마라톤클럽이란 이름을 내걸었다. 현재 회원은 50여명. 매주 일요일 아침 6시. 일산 호수공원 주제 광장에 모여 15분간 준비운동을 한 후 각자의 능력에 맞는 거리를 뛴다. ――『月刊중앙』(1999.7), 241 면쪽

(37) 野, 金법무에 '후원금 수사' 사과 요구.

현대증권 李益治회장 내주소환.

부산 자비사 박삼중(朴三中) 스님이 일본 후추우(府中) 교도소에서 석방되는
김희로(金喜老. 71)씨를 맞기 위해 1일 오후 2시 30분 일본으로 떠났다.

—『조선일보』(1999.9.2), 1면, 29면

(35)부터 (37)은 우리말 한글체, 우리말 국한문체의 표현을 보이고 있
다. 전체적인 흐름을 볼 때 대부분의 낱말이 한글로 쓰이고 있지만 한
자어가 쓰이고 있는 경우는 확실한 의미 파악이 필요한 경우, 즉 고유
명사의 경우에 쓰이기도 하며 한글 옆 괄호 안에 한자로 표기하기도 한
다. 또 한자어가 쓰이는 경우는 강조를 두는 말일 경우나 낱말을 줄여
서 쓸 경우에 한자로 써서 의미 파악을 쉽게 하고 있다. 예를 들면 '點만
찍으면 날아오를 듯', '古 金世衡', '通比法', '國政院', '核禁(CTBT)', '大
바겐', '삼성車' 등의 표현이 이에 해당한다. 이 시기의 문장의 문체에서
나타나는 특징은 개화기 시대의 한자어의 빈번한 쓰임이 외래어의 사용
으로 대체되어 나타나는 것으로 보인다.

(38) 자아! 우리들 女性 一天五百萬은 발을 맞추어 힘차고 억세게 나아가자!
동터오는 朝鮮을 등에다 지고 마음껏 힘껏 앞으로 나가 建國의 礎石과 꽃이
되리라. 일어서라. 나아가라. 앞으로…   —『여학원』, 1946, 3쪽

(39) 이번에도 또 그 집에 관한 이야기였다. 노인을 어떻게 위로한다는 것일
까. 아니면

네, 이름은 서난납니다.

어머니 아버지 있어?

없습니다. 할머니하고, 옥이 하고 셋이서 삽니다.

그럼 보증인이 있어야 하잖아. ―『초승달과 밤배』, 1987, 129쪽

(40) 아, 참. 지금 가는 그곳, 이름이 좋아요. 계림(桂林) …… 계수나무 계, 수 풀 림. 어때요? 운치 있잖아?
　　― 하창수, 「눈」, 『현장비평가가 뽑은 올해의 좋은 소설』, 1993, 476쪽

(41) 나도 그랬을까? 헤겔을 읽는 미서처럼, 프루스트나 서정주나 그런 사람 들, 김유정이나 나도향이나 그런 사람들, 장용학이나 손창섭이나 혹은 프린 시스 잠, 그 사람들을 읽고 있는 그때에만, 무슨 뜻인지 잘 알지도 못하면서, 그들이 남긴 찬란한 문구들을 부기노트 귀퉁이에 옮겨놓고 있는 그때에만, 그 교실의 그 얼굴들과 나는 다르다고 생각되었던 건 아니었을까. 책이 그중 의 소설이나 시 같은 것이, 나를 그 골목에서 탈출시켜줄 것이라고 생각했던 건 아니었을까. ― 신경숙 『외딴방』, 1995, 312쪽

(38)부터 (41)은 구어체로 우리말 국한문체와 우리말 한글체가 나타나 고 있다. 일제 시대의 교과서에서 나타났던 '네 姓名은 무엇이냐' 등으 로 나타났던 '姓名'은 '이름'이라는 어휘로 더 문장 표현이 자연스러워지 고 있으며, 또 '술 醉하지 말지어다. 참 滋味스럽다.' 같은 표현은 광복 직후에 나타나는 점진적인 우리말 한글체로의 과도기적인 표현이라고 할 수 있다. (40)의 '계림(桂林)' 같은 표현은 한자어 병기가 이루어지고 있다.

지금까지 광복 이후부터 2000년대까지의 문장의 문체에 대하여 살펴 보았는데 전체적으로 이 시기의 문체의 특징은 우리말 국한문체, 우리 말 한글체로의 정착 단계라고 생각된다. (41)는 우리말 한글체이지만 장 문으로 표현되고 있다.

3. 2000년대 이후의 문장의 문체

2000년대 이후 현대국어 문장의 문체는 우리말 국한문체, 우리말 한글체가 정착되었지만, IT 기술과 소셜 네트워크의 발달로 인하여 축약어, 생략어, 비표준어, 외래어 등이 언어생활 전반에 일반적으로 나타나고 있다. 2000년대 이전에는 낱말의 일부분이 한자로 표기되었는데 이제 영어 알파벳이 단어의 일부분에 나타나기도 하였으며, 한자 한 글자로 전체적인 의미를 나타내는 표현방식이 등장하기도 하였다. 또한 영어의 줄임말을 한글과 같이 병기하는 표현도 등장하고 있는데 이러한 표현은 원래의 변별적 의미를 더 잘 전달하기 위한 것으로 풀이된다. 예를 들면 "N빵으로 더치페이", "中 기업 제재, 北 자금유입 경로 원천봉쇄", "LCC(저비용항공사) 1위 자존심 3분기 최대실적" 등의 예에서 나타나고 있다. 이러한 표현은 의미의 구분을 확실히 하기 위하여 더 다양한 형태의 문체적 접근이 나타나는 것으로 풀이된다.

한자 병기는 2000년대 이전과 비교하여 볼 때 일상생활에서 쓰임은 줄었지만 공문서나 표지판에 꾸준하게 나타나고 있다. 한자 병기는 1999년 2월 9일부터 문화관광부에서 추진되고 있는 한자 병기의 방침에 따라, 정부 공문서, 도로표지판, 주민등록증에 쓰여지고 있으며, 2018년부터 초등학교 3학년 국어, 사회 교과서에 한글과 한자가 병기되는 정책이 시행된 것으로 볼 때 글을 읽은 독자가 효율성과 경제성에 바탕하여 의미의 구분을 명확하게 하는 방향으로 문체의 흐름이 바뀌고 있는 것으로 추정된다. 문어체와 구어체로 나누어 예문을 살펴보면 다음과 같다.

(42) 상장사 배당률 日의 20% 불과　　　　—『동아일보』(2001.3.2), B1면

　　美금리 조기인하 무산… 증시 당분간 요동할 듯

　　　　　　　　　　　　　　　　　　—『동아일보』(2001.3.2), A2면

　　"정부서 밀어주니 …SW 두근두근　　—『동아일보』(2001.3.2), A2면

　　北, 약속 왜 안 지키나　　　　　　—『동아일보』(2002.6.12), A2면

(43) "한골도 못넣다니 : 佛 분노의 물결　　—『동아일보』(2002.6.12), A3면

(44) 한국 14일 포르투갈戰 전문가 조언　　—『동아일보』(2002.6.12), A3면

(45) "직장 탁아소, 여성 대학… " 女心잡기　—『동아일보』(2002.6.12), A8면

(46) "미사일수출 마약거래 日 외화송금 北韓의 돈줄 적극봉쇄"

　　　　　　　　　　　　　　　　　　—『조선일보』(2003.6.6), A3면

(47) " 高총리 " 文실장이 질타발언　　　—『조선일보』(2003.6.6), A5면

(48) 중국 신혼여행 간 脫北者 부부 실종　—『조선일보』(2003.6.6), A9면

(42)~(48)은 문어체와 구어체가 반영된 우리말 국한문체를 나타내고 있다. 2000년대 이전과 비교하여 볼 때 우리말 국한문체가 유지되기는 하지만 한글체가 대부분을 이루고 있으며, "美금리", "佛 분노의 물결", "高총리", "文실장"의 예에서처럼 나라 이름, 사람 이름의 줄임말에서 한자어가 단어의 일부분에 등장하고 있다. 하지만 앞으로 뒤에 제시될 2010년 이후와 비교하여 볼 때 "北韓의 돈줄 적극봉쇄", "脫北者"에서처럼 北韓을 줄임말인 北으로 표기하지 않고 탈북자를 우리말 한글체로 표현하지 않고 있다. 또 "女心잡기"와 같은 표현은 국한문체이기는 하

지만 독자에게 의미의 구분을 더 정확하게 전달하기 위하여 쓰이는 표현으로 추측된다.

(49) 盧대통령 "사학법 시행령 자율성 보안" — 『동아일보』(2005.6.12), A1면

(50) "北 달러위폐 한국유통 태국 돈도 위조" — 『동아일보』(2005.6.12), A1면

(51) 국공립교장協도 사학법 반대　　　　— 『동아일보』(2005.6.12), A8면

(52) 상장사 배당률 日의 20% 불과　　　— 『동아일보』(2005.6.12), B1면

(53) 美금리 조기인하 무산… 증시 당분간 요동될 듯

　　　　　　　　　　　　　　　— 『동아일보』(2005.6.12), B2면

(54) 정연주 KBS사장 베이징行 직전 출금　— 『동아일보』(2008.8.5), A1면

(55) 中 폭탄테러 경찰 16명 사망　　　　— 『동아일보』(2008.8.5), A1면

(56) 러시아의 양심 '生의 수용소' 떠나 영원으로 가다

　　　　　　　　　　　　　　　— 『동아일보』(2008.8.5), A2면

(57) 軍달래고 南압박 '김정일 이중 플레이'　— 『동아일보』(2008.8.5), A6면

(58) 靑, 사상최대 '부시 경호작전'　　　　— 『동아일보』(2008.8.5), A6면

(59) "洪, 반성문 쓴다더니 변명"… 親李 거친 태클

　　　　　　　　　　　　　　　— 『동아일보』(2008. 8. 5), A8면

(49)~(59)도 그 이전의 예와 같이 신문에 제시된 우리말 국한문체를 나타내고 있으며, 구어체와 문어체를 같이 제시하고 있다. 위의 예문에서도 "盧대통령, "北 달러위폐", "日의 배당률", "美금리", "洪, 반성문 쓴다더니 변명", "靑 사상최대 부시 경호작전"에서처럼 사람 이름, 나라 이름, 고유명사의 줄임말을 한자로 표현하고 있다. 그리고 "국공립교장 協도 사학법 반대"의 예문에서 보이는 것처럼 복합명사의 구성에 있어서 단어의 일부분을 줄여서 표현할 때 한자가 쓰이고 있다. 그리고 "러시아의 양심 生의 수용소 떠나", "親李 거친 태클"에서처럼 한자어가 국한문체의 문장을 특징을 나타내기도 하지만 "生"은 '삶'이라는 의미를, "親李"는 이명박 대통령과 가까운 정치인들을 나타내는 은유적인 표현으로 우리말 국한문체에서 한자어의 의미가 일대일 대응이 아닌 다양한 의미로 확대되고 있는 것으로 해석된다. "軍달래고 南압박"의 표현에서는 줄임말로 표현하고자 하는 의미를 강조하는 것으로 해석된다.

(60) 경찰 · 쌍용車 노조 진압작전 …곳곳 충돌

　　　　　　　　　　　　　　　　　　—『조선일보』(2009.8.5), A1면

(61) 醫協, 동의보감 논평 물의 "오늘날 상식에도 안 맞는 내용 가득"

　　　　　　　　　　　　　　　　　　—『조선일보』(2009.8.5), A10면

(62) "당신 아이만 늦었어요." 선행(先行)학습 부추기는 학원들의 불안마케팅

　　　　　　　　　　　　　　　　　　—『조선일보』(2009.8.5), A10면

(63) 간(肝)건강 피곤하세요?　　　　—『조선일보』(2009.8.5), A11면

(64) 김정은 訪中 동행설　　　　　　—『동아일보』(2010.3.26), A1면

(65) 金국방 "3월 26일은 국군치욕의 날"   —『동아일보』(2008.8.5), A4면

(66) "漢學은 文史哲 아우른 성찰의 학문"   —『동아일보』(2008.8.5), A19면

(67) 朴대통령 "킬체인-한국형 MD 조기확보"
   —『동아일보』(2013.10.2), A1면

(68) "美 17일 國庫바닥… 부채한도 못 늘리면 첫 국가부도"
   —『동아일보』(2013.10.2), A2면

(60)~(68)은 일간지에 제시된 우리말 국한문체를 제시하고 있다. 이 시기의 국한문체는 도로표지판, 공문서 등을 제외하고는 한자 병기가 거의 이루어지지 않고 있는데 "선행(先行)학습", "간(肝)건강"의 예에서처럼 가끔 표현되기도 한다. 위의 예문에서도 "金국방", "朴대통령", "美 17일 國庫바닥"에서처럼 사람 이름, 나라의 이름의 줄임말이 한자로 표현되어 국한문체를 이루고 있으며, 또한 전달하고자 하는 의미를 더 정확히 전달하기 위하여 "방중 동행설", "국고바닥"이라는 표현보다는 "訪中 동행설", "國庫바닥" 같이 구절의 일부를 한자로 표현하는 국한문체가 제시되고 있다. (66)의 "文史哲" 같은 표현도 줄임말을 한자로 나타내어 그 의미를 더 정확하게 전달하는 국한문체로 풀이된다.

(69) 영업 시작해도 野몽니에 '절름발이' 신세
   —『매경이코노미』1876호(2016.9), 58쪽
(70) 사드배치 · 무역마찰…美, 中 불신최고조
   —『매경이코노미』1876호(2016.9), 66쪽

(71) 상대평가 인사제 藥인가? 毒인가?

　　　　　　　　　　　—『매경이코노미』1876호(2016.9), 21쪽

(72 삼성·LG·SK 바이오산업 승부수 3社 3色 투자에 업계 지각변동

　　　　　　　　　　　—『매경이코노미』1877호(2016.10), 44쪽

(73) 넘치는 힘·널찍한 공간 '상남자의 車'

　　　　　　　　　　　—『매경이코노미』1877호(2016.10), 68쪽

(74) 黨안팎 "친박, 비박 쳐내기 공모했나" 尹 "대화 녹음은 음모"

　　　　　　　　　　　—『동아일보』(2016.3.10), A4면

(75) 손석희 JTBC 사장 檢출석 피의자 신분 9시간 조사받아

　　　　　　　　　　　—『동아일보』(2016.3.10), A12면

(76) 反기업정서 강해지는 샌프란시스코　　—『동아일보』(2016.3.10), A22면

(77) 조국교수 "내 主관심은 형법연구 정치에 참여할 뿐 전업은 없다"

　　　　　　　　　　　—『동아일보』(2016.3.10), A 26면

　(69)~(77)은 주간지와 일간지에 나타난 우리말 국한문체를 나타내고 있다. 『매경이코노미』1876호(2016.9)에는 단어의 전체가 아니라 강조하고 싶은 일부분 즉 나라 이름이나 사람 이름, 동사의 일부분, 줄임말을 나타낼 때 대표적인 의미로써 한자를 사용하고 있다. "野몽니", "美·中 불신 최고조", "藥인가, 毒인가", "상남자의 車", "3社 3色"의 예에서 나타나는 것처럼 단어 전체에 한자 병기를 하지 않고 단어의 일부분을 한자로 표기하는 방식은 한글로 전체를 썼을 때보다 의미를 변별

화시키고 강조하는 것으로 풀이된다. 또한 이 시기는 위의 예문에서 나타나는 것처럼 LG, SK, JTBC 등 외래어가 고유명사로서 굳어지고 있으며 한글 문장에서 자연스럽게 침투하여 쓰이고 있는 것으로 풀이된다. (74)~(77)은 『동아일보』 2016년 3월 10일자 신문에 나타난 우리말 국한문체를 나타내는 것으로 문어체와 구어체가 같이 제시되고 있다. 제시된 예문에서도 단어의 일부분 즉 "黨안팎", "尹대화녹음은 공모", "檢출석", "反기업정서", "主관심"에서 나타나는 것처럼 단어의 일부분이 한자로 쓰이고 있다. "검출석"보다는 "檢출석"이 줄임말을 나타날 때 경제적인 의미에서 의미의 변별을 극대화시키는 것으로 해석되며, "주관심"보다는 "主관심"이, "반기업정서"보다는 "反기업정서"가 변별적인 의미를 강조하는 것으로 해석된다.

(78) 김종인 "자유롭게 행동하려 탈당" 反文결집 깃발 드나

— 『동아일보』(2017.3.8), A9면

(79) 사드 갈등 속 美, 北 거래 中 기업에 벌금폭탄

— 『동아일보』(2017.3.9), A1면

(80) 中企 취업 청년에게 2년간 月50만원 지원

— 『동아일보』(2017.3.9), A1면

(81) 초유의 대통령 파면… 차기주자들 反面敎師 삼으라

— 『동아일보』(2017.3.11), A1면

(82) 國運 개척하는 마천루 세계 5위 롯데월드타워

— 『新東亞』(2017.4), 250쪽

(83) 꽃대가 30~50cm까지 자라며 화려하고 다양한 색상의 꽃을 피워 애란인(愛蘭人)들 사이에서 "한번 보면 반하지 않을 수 없다"는 말이 나올 정도로 인기다." 새우란은 국내에서 환경부의 멸종 위기종으로 지정되지 않고 산림청 희귀식물로만 분류돼있다.　　　　　　　 — 『新東亞』(2017.4), 304쪽

(84) 유력대선주자 문재인의 5大 약점　 — 『시사저널』 1432호(2017.4), 14면

(78)~(84)는 주간지, 일간지, 월간지에 나타나는 우리말 국한문체를 나타내고 있다. (78)의 "반문결집"이 아닌 "反文결집"이라는 표기 방식은 이 문장이 국한문체이기는 하지만 변별적 의미의 구분을 위하여 단어의 일부분이 한자로 표기되는 방식이 보편화됨을 알 수 있다. (79)의 예에서 보이는 것처럼 "美", "北", "中" 표현의 경우 나라 이름을 줄임말로 표기할 때 한글보다는 한자가 의미를 더 정확하기 표현하기 때문에 나타나는 국한문체 표현이라고 해석된다. 또한 (80), (81)의 "中企", "反面教師" 같은 표현도 한글인 "중기", "반면교사"로 표현했을 때보다 더 명확한 의미를 독자에게 전달할 수 있기 때문에 줄임말에서는 한자가 더 빈번하게 사용되고 있다. (82)의 "國運 개척하는 마천루 세계 5위 롯데월드타워"는 일반적으로 쓰이는 국한문체 표현을 나타내며, (83)의 "애란인(愛蘭人)"의 표현은 한자를 이용한 조어 방식에서 그 단어가 일반화되지 않았을 경우 한자를 병기하는 방식이 나타나고 있음을 알 수 있다. (84)의 표현에 있어서 "문재인의 5대 약점"으로 표현하지 않고 "문재인의 5大 약점"으로 표기한 것을 보면 한글체가 주를 이루지만 강조하고 싶은 부분을 한자어를 사용하는 문장 표현임을 알 수 있다.

(85) 메머드급 인재영입 '세(勢) 과시'에 비판도

　　　　　　　　　　　　　　　—『시사저널』1432호(2017.4), 27쪽

(86) cheollima는 한국式 표기법　　　　　—『신동아』(2017.4), 309쪽

(87) 중국에 간 틸러슨 '북핵 중국 책임론' 목청 안 높였다.

　　　　　　　　　　　　　　　　—『한겨레』(2017.3.20), 8면

(88) 미국에 굴복한 G20… 공동선언문 '보호무역에 저항' 빠져

　　　　　　　　　　　　　　　　—『한겨레』(2017.3.20), 9면

(89) 보수 · 중도 분주해진 '반문연대' 발걸음 … 밑그림은 제각각

　　　　　　　　　　　　　　　　—『한겨레』(2017.3.20), 4면

(90) 중국 입김 힘입어 '진중파' 캐리 람, 홍콩 행정장관에

　　　　　　　　　　　　　　　—『한겨레』(2017.3.20), 17면

(91) CEO 자리 내던진 70세 엔지니어 "내 敵은 고정관념"

　　　　　　　　　　　　　　　—『조선일보』(2017.3.30), B2면

(92) 반도체 · IT 소재 · 콘텐츠株 '진주 찾아라'

　　　　　　　　　　　—『매경이코노미』1901호(2017.3.29), 50쪽

(93) 대중위한 'Democratic Design' 통했다. 창업주의 지독한 절약정신이 가격 경쟁력 토대… 기능 · 품질 살려 가성비 王 세계 10대 거부면서 검소한 창업주　　　　　　　　—『매경이코노미』1901호(2017.3.29), 70쪽

(94) NPL · 공연 · PF 별별 상품 다 있네 〈부실채권〉 〈프로젝트금융〉

　　　　　　　　　　　—『매경이코노미』1901호(2017.3.29), 48쪽

(95) DIY에 대한 고객 목마름 풀어줘 대성공 〈Do it Yourself〉

　　　　　　　　　　　　　　　『매경이코노미』 1901호(2017.3.29), 74쪽

　　(85)~(95)은 주간지, 일간지, 월간지에 나타나는 우리말 국한문체, 한글체와 외래어가 문장의 일부분을 차지하는 경우, 외래어 줄임말과 한글 병기가 단어 아래에 같이 병기되는 방식을 보여주고 있다. (85)는 한자가 같이 병기되는 우리말 국한문체이다. "세(勢) 과시"는 "세 과시"나 "勢 과시"보다 독자에게 의미의 전달이 더 용이하기 때문에 한자가 같이 병기되는 방식이 쓰이는 것으로 해석된다. (86)에서는 단어의 일부분을 한자로 표기하여 강조하고 싶은 부분을 나타내는 국한문체로 해석된다. (87)~(90)은 『한겨레』에 나타난 문체의 표현으로 우리말 한글체가 일반화되어 나타나고 있으며 이러한 표현은 『한겨레』의 대표적인 특징으로 간주된다. (91), (92)의 "내 敵은 고정관념", "콘텐츠株"의 예는 나타내고자 하는 단어의 변별적 의미를 강조하기 위하여 쓰여지는 국한문체이다. (93)은 문장에 있어서 단어가 아닌 문장의 일부분이 외래어로 표기되는 것으로 이전에는 보여지지 않았던 문체이다. (94), (95)는 외래어 줄임말과 그 단어 아래에 한글 병기와 줄임말 전의 외래어 문장을 같이 표시하고 있다. 위의 예문에서 보여지는 것처럼 현대국어 문장의 문체는 우리말 국한문체, 한글체에 국한되지 않고, 외래어가 문장의 한 부분을 차지하고 있는 다양한 표현이 나타나고 있다.

　　(96) "걱정 말아요. 아까부터 내가 눈치줬으니까 채훈이는 아마 짐작했을 거예요. 적당히 둘러대겠죠 뭐."
　　"우리가 용돈이라도 줘보내야 하는 거 아닌가? 당신이 어련히 알아서 잘했겠소만 ……."

남편의 나중 말에 다소 비정거리는 투가 섞여 있었다. 어차피 손발이 맞아서 저지른 일도 아니건만 그녀는 울컥 야속했다.

                            —『너무도 쓸쓸한 당신』, 2004, 166쪽

(97) "더 필요한 것이 있으면 휴대폰으로 전화하시면 됩니다."
이현은 돌아서서 현관문을 닫아버렸다. 관리인은 우람한 어깨를 으쓱거리며 트럭으로 돌아갔다.   —『이현의 연애』, 2006, 137쪽

(98) "그래, 정 내일 아침 길을 나설라냐?"
저녁상이 들어왔을 때 노인은 조심스러운 목소리로 나의 속마음을 한번 더 떠보았다.
"가야 할 일이 있으니까 가겠다는 거 아니겠어요."
나는 퉁명스럽게 대꾸했다.   —『눈길』, 2007, 49쪽

(99) "커피 한잔 할래요?"
J가 동전을 주머니에서 꺼내들며 말했다. 그는 고개를 끄덕였다. J가 자판기 커피를 뽑으러 간 동안,
그는 더 이상 자신만의 공간이 아닌 작업실을 둘러보았다.
                        —『채식주의자』, 2016, 76쪽

(96)~(99)는 현대소설 구어체 문어체에 나타나는 우리말 한글체를 나타내고 있다. 현대국어 일간지, 주간지, 월간지 등에 나타나는 문체와는 달리 이 시기에는 우리말 한글체가 일반화되어 있다. 이해하기 쉬우며, 문장이 길지 않은 우리말 한글체가 쓰이고 있으며 (99)의 경우 사람 이름을 나타낼 때 영어 약자로 쓰이고 있다.

이 글에서는 현대국어 문체의 변별성과 특징을 문체소의 구성성분을

이루는 표기 요소인 국한문체, 한글체 표현을 중심으로 신문, 잡지, 소설에서 살펴보았다. 어떠한 문장의 문체의 구성과 흐름은 그것을 이루고 있는 표기문자와 깊은 관련이 있는 것으로, 표기문자에 있어서 한자는 중국의 문자이지만 국어와의 특수한 관계를 가지고 있기 때문에 문체에 중요한 영향을 끼쳤으며, 2000년대 이후에는 외래어의 빈번한 사용으로 현대국어의 문체에 있어 다양한 표현이 등장하고 있었다.

이 글에서는 현대국어 문장의 문체에 대하여 1945년 이후 현대국어 문장의 문체를 구어체로의 문체의 흐름이 일반화되고 대부분의 문체에서 한글체가 중심이 되는 1945년부터 2000년까지의 시기와 한글체가 문체의 중심이 되기는 하지만 IT 기술의 발전과 소셜 네트워크의 발달에 따라 축약어, 비어, 비표준어 등의 사용이 일반화되어 우리말 국한문체에 있어서도 다양한 문체적 접근이 나타나는 그 이후의 시기로 나누어 현대국어의 문체에 대하여 살펴보았다.

1945년 이후 현대국어 문장에서 나타나는 문장의 문체는 우리말 국한문체와 우리말 한글체의 완성 단계라 할 수 있다. 문어체에 있어서 국한문체의 경우 개화기, 일제 시대를 거쳐 나타나던 한문구 국한문체, 한문어 국한문체는 점차 우리말 국한문체 한글체로의 변화 과정을 겪었다. 또 문장을 이루는 구성성분의 대부분이 한자어로 쓰여지지 않고 일반명사, 고유명사에 국한되어서 나타나고 있었으며 사용 빈도도 현격하게 줄어들었다. 수사의 경우 현 시점에 가까이 올수록 아라비아 숫자로 대부분이 표현되고 있었으며 외래어의 쓰임이 빈번하였다. 해방 직후에는 어휘 면에서 '인민'과 같은 단어가 드러나기도 한 것이 1945년 직후의 특징이기도 하다. 이 시기는 한글로 된 문장의 문체에 한자와 외래어가 한 낱말의 구성에 일부분으로 사용되고 있으며, 사람 이름, 나라 이름 등 고유명사에 있어 한자 한글자로 의미의 은유적 특성을 표현하기도 한다. 그리고 1999년 2월 9일부터 문화관광부에서 추진되고 있는 한자 병기의 방침에 따라, 정부 공문서, 도로표지판, 새로운 주민등록증에 한자가 병기되어 쓰이고 있으며, 잡지나 신문의 경우 그 잡지의 성격에 따라 약간 다르기는 하지만 단락의 처음에 나오는 인명의 경우, 어려운 어휘나, 고사성어 같은 경우에 한자를 병기하고 있다.

2000년대 이후에는 그 이전에 나타나던 낱말의 일부분이 한자로 표기되던 방식이 "N빵으로 더치페이", "中 기업 제재", "北 자금유입 경로 원천봉쇄", "LCC(저비용항공사) 1위 자존심 3분기 최대실적" 등의 예에서 나타나는 것처럼 의미의 구분을 확실히 하기 위하여 더 다양한 형태의 문체적 접근이 나타나고 있다. 줄임말에서 한자를 사용하여 그 의미를 강조하거나 의미의 변별성을 극대화시키기도 하며, 은유적인 의미를 나타내기도 한다. 그리고 한자 병기는 개화기 시대, 일제 시대를 거쳐 광복 이후의 현 시점에 이르기까지 공통적으로 꾸준하게 나타나고 있다. 한자 병기는 문화관광부에서 추진되고 있는 한자 병기의 방침에 따라, 정부 공문서, 도로표지판, 주민등록증에 계속 쓰여지고 있으며, 2018년부터 초등학교 3학년 국어, 사회 교과서에 한글과 한자가 병기되는 정책이 시행된 것으로 볼 때 글을 읽은 독자가 효율성과 경제성에 바탕하여 의미의 구분을 명확하게 하는 방향으로 문체의 흐름이 바뀌고 있는 것으로 추정된다.

『한중록』의 어휘와 신체 관련 관용어에 대한 연구

제4장 『한중록』의 어휘와 신체 관련 관용어에 대한 연구[1]

1. 어휘분절구조이론과 인지언어학

작품에 반영된 저자의 어휘 선택과 문체는 그 작품의 주된 내용을 뒷받침하는 형식적인 부분이라고 할 수도 있지만 그 작가만의 어휘와 그 어휘가 바탕이 된 상징성을 통하여 작가가 말하고자 하는 바가 독자들에게 더 명시적으로 전달될 수 있다고 생각한다. 그리고 인류에게 있어서 〈신체〉라는 객관세계는 민족마다 상이한 방식과 기준에 의하여 평가되고 관조되고 있다. 〈신체〉 명칭은 인간은 어떤 사물을 바라보고 표현할 때, '은유(metaphor)'라는 매우 자연스럽고 정상적인 기제에 의한 인지구조를 가지고 있는 것으로, 각 단어의 분절구조에 있어서 유사성(similarity), 사상(mapping), 유추(analogy)에 의하여, 그 대립 현상을 상

---

1   이 글은 장은하, 「『한중록』에 나타난 혜경궁 홍씨의 어휘 특징」, 설중환 외, 『고전 서사 캐릭터 열전』, 월인, 2013을 수정·보완한 것이다.

실하는 '중화' 현상을 일으키게 된다. 일반화된 은유, 대중화된 은유(사은유)뿐만 아니라 문학적인 은유도 이러한 현상으로 설명이 가능할 것이다. 이 글의 목적은 『한중록』과 신체 관련 관용어에 표현된 어휘 의미를 개인의 상징성을 바탕으로 한 은유와 어휘분절구조이론의 중화 현상으로 고찰해보는 것이다.

아리스토텔레스의 『수사학』에서 시작된 은유는 문체론이나 시의 기법에서 다루어져왔고, 촘스키 중심의 변형생성문법에서는 은유의 논리적 또는 문법적 일탈성으로 인하여 은유가 선택 제약에 위배되는 탈문법적 표현으로 취급되었다. 하지만 1980년대를 기점으로 인지언어학에서는 은유에 대한 종래의 사고방식에 커다란 인식의 변화가 일어났다. 우리가 생각하는 데 있어서 우리의 일상적 개념 체계는 그 본질에 있어 근본적으로 은유적이라는 것으로[2] 은유의 위치는 언어에 있는 것이 아니라 정신영역을 다른 정신 영역에 의하여 개념화하는 것이다. 이러한 점에서 '은유'는 다의어가 되기 전의 단계라 할 수 있으며, 언어 체계가 분절구조의 이해를 바탕으로 한 대립의 층위라고 할 때, '은유' 현상은 각 단어의 분절구조에 있어서 언어적 대립 기능의 유표성을 상실하는 '중화' 현상의 예가 되는 것이다. 중화의 원리란 말하는 것에서 언어적 대립의 기능 작용의 한 중요한 예외를 만드는 것으로 이 원리는 한 언어 안에 존재하는 대립이 말하는 것에서 무조건 항상 기능하는 것은 아니라는 사실을 의미한다.[3]

---

2 G. Lakoff and M. Johnson, *Metaphors We Live By*, University of Chicago Press, 1980, p.3.

3 E. 코세리우, 『현대 의미론의 이해』, 허발 편역, 국학자료원, 1997, 376쪽.

『한중록』은 혜경궁 홍씨의 세 차례에 걸친 회고가 합쳐진 것으로 작자와 창작 시기를 정확히 알 수 있는 몇 안 되는 작품이다. 1975년에 쓰여진 첫 번째 글은 자신의 일생을 회고한 것이고, 잘 알려진 두 번째 글은 임오화변 경과에 대한 서술이고, 세 번째 글은 친정의 무죄에 대한 항변이다.[45] 이러한 점에서 『한중록』에 쓰여진 어휘의미를 현 시점의 어휘의미와 비교한다면 어휘분절구조 안에서 그 표제어가 어떻게 언어적 대립의 기능을 상실하는지 살펴볼 수 있을 것이다. 이 글에서는 은유의 연구사, 은유의 개념 및 종류, 어휘 대립의 중화 현상, 『한중록』에 표현된 어휘와 중화 현상, 신체 관련 관용어의 어휘의미를 연구해보고자 한다.

훔볼트는 모든 화자의 마음속에 내재적으로 존재하는 창조적인 언어 자체의 활동에 초점을 맞추고, 언어는 단지 문법가의 분석에 의한 죽어 있는 성과물(Ergon, Werk, Erzeugtes)이라기보다는 언어 자체의 창조적인 활동(Energeia, Tätigkeit, Erzeugung)이라고 말하고 있으며, 또한 이러한 언어 자체의 창조적인 활동은 각 민족마다의 의미적, 문법적 구조인 내적언어형식에 기반을 두고 유기체로서 변화하게 된다고 말하고 있다.[6] 훔볼트에 시작된 이러한 언어 연구의 흐름은 제자인 바이스게르버(L. Weisgerber)에게도 전해지는데 바이스게르버는 언어의 보편적 생산 기능에만 국한하지 않고 언어가 지니는 제2의 본질적 양상으로서 역사

---

4 혜경궁 홍씨, 『한중록』, 정병설 역, 문학동네, 2010, 458쪽.

5 『한중록』이 세 차례에 걸친 회고록을 모은 것이라는 관점과, 네 차례에 걸친 회고록을 모은 것이라는 관점이 나누어지지만 글의 내용의 연관성을 중요시하여 이 글에서는 세 차례 회고록이 합쳐진 것으로 본다.

6 R.H. Robins, *A Short History of Linguistics*, New York : Longman inc, 1992, pp. 192~196.

와 사회까지도 끌어들이고 있다.

어휘분절구조이론은 바이스게르버의 동적언어이론 중 내용 중심의 고찰을 어휘 차원에서 연구한 것이 '어휘분절구조이론(Wortfeld-Theorie)'이다.[8] 그의 이론의 핵심은 '에네르게이아(energeia)', '내적언어형식(innere Sprachform)', '세계관'(Weltansicht)'이라는 용어에 잘 나타나고 있다. 모국어 공동체의 각 개인은 언어가 인간에게 제공해주는 대로 태어날 때부터 지각하고 행동하게 되며, 모국어 속에 내포되어 있는 지닌 세계에 대한 사전 이해(Vorverständnis)를 통하여 사물을 포착해내는 방식을 터득한다.[9] 바이스게르버에 의하면 인간의 내면세계와 외부세계의 사물 사이에 '중간세계'라는 것이 설정되고, 언어공동체의 각 구성원은 이러한 중간세계를 통해서만이 객관세계를 관조할 수 있다고 한다.

동적인 세계관을 가진다는 것은 언어공동체와 외부세계의 사물 사이의 중간세계를 설정한다는 것이며, 이러한 중간세계는 언어공동체와 민족이 주체가 되어 개개인의 의식과 외부세계를 연결 짓는 통로자의 역할을 하고 있다는 것이다. 중간세계의 설정은 동일한 객관세계에 대한 언어화가 여러 나라마다 다르다는 점과 동일한 언어라 할지라도 인간생활에 있어서의 친근감의 정도에 따라 분절 방식이 상이하다는 것으로

---

7 배해수,『한국어와 동적언어이론』, 고려대학교 출판부, 1998, 162쪽.

8 동적언어이론에서는 어휘론·조어론·품사론·월구성안(통어론) 등 네 가지 부문의 문법에 대한 연구가 고유의 목표가 된다. 바이스게르버에 의하여 인식된 두 개의 언어단위 가운데 하나인 낱말의 단위는 어휘론과 조어론으로 하위분류되며, 다른 하나인 월의 단위는 품사에 대한 이론과 월구성안에 대한 이론으로 다시 하위분류된다.

9 Wilhelm Luther, *Weltansicht und Geistesleben*, Göttingen : Vandenhoeck & Ruprecht. 1954, p.10.

증명될 수 있을 것이다. 중화의 원리도 이 중간세계에서 이루어지는데 중화의 원리란 말하는 것에서 언어적 대립의 기능 작용의 한 중요한 예외를 만드는 것이다.

이러한 훔볼트, 바이스게르버의 동적언어로서의 '에네르게이아'의 개념, 모국어적 언어공동체를 바탕으로 한 중간세계의 개념, 중화의 원리는 문화적 요소를 바탕으로 언어 체계 안에서 언어의 역할의 다양성을 강조하였다. 이러한 동적언어이론의 객관세계를 바라보는 관점인 세계관을 형성하는 데에는 자연적인 조건과 인위적인, 곧 문화적인 조건이라는 두 가지의 차원이 개입하게 된다. 즉 정신적인 중간세계에서 최종적으로 도달하게 되는 지점인 '인류'는 한 개인을 의미하는 것이 아니고, 그렇다고 인류 전체를 의미하는 것도 아니며, 그 언어를 모국어로 사용하는 인류의 총괄 개념으로서 파악되는 언어공동체로 귀결된다.[10]

20세기에 등장한 인간의 인지 과정을 바탕으로 한 인지의미론은 언어 체계 안에서의 언어의 역할뿐만 아니라 인간 개개인의 신체화와 상상력을 바탕으로 인간의 주체적인 인지 책략에 대하여 다루고자 하였다. 언어 표현의 의미는 인간의 마음의 산물이고, 언어 표현의 의미는 인지 체계 안에서 개념적 내용의 조직을 범주화하며, 언어의 많은 부분은 사람의 신체적 경험을 바탕으로 개념화된다는 이 원리는 동적언어이론의 문화적 요소를 바탕으로 한 언어공동체를 통한 중간세계의 개념, 중화의 원리는 언어 체계 안에서만 언어의 의미를 파악하지 않고 언어 외적인 면에서 언어의 의미를 찾고자 했다는 점에서 공통점이 있다. 특히 전체

---

10 배해수, 「동적언어이론의 이해」, 『한국어내용론』 제3호, 한국어내용학회, 국학자료원, 1995, 20~21쪽.

분절구조 안에서 대립의 의미를 상실하는 중화의 의미는 인지의미론에서 어떤 낱말의 의미를 다른 의미의 개념 도구를 이해하는 방식인 은유와 같은 사고방식의 한 예라고 할 수 있다.

바이스게르버는 별자리 '오리온'을 보기로 제시하면서 정신적 중간세계의 본질에 대해 해명한 바 있다. 즉 하늘에는 실제로 무수한 수의 별들만이 존재하고 어떠한 질서나 어떠한 별자리도 존재하지 않지만, 우리 인간의 의식 속에서 정신적인 대상물로 별자리가 인식되어 오리온 별자리가 존재한다고 말하고 있다. 이러한 점은 인간의 신체화된 여러 가지 경험을 바탕으로 하여 수많은 대상물들이 인지된다는 것을 말하는 것으로 우리의 일상 언어가 직간접적인 경험, 문화적 세뇌, 상상화에 의한 표현 의미를 내포한다고 할 수 있다. 이러한 점은 인지의미론과 동적 언어이론이 어느 정도 공통점을 가지고 있다.

하지만 인지의미론에서는 인간의 뇌에 의한, 언어 사용자의 인지 작용에 더 초점을 맞추어 언어 표현을 파악하고 있고, 동적언어이론에서는 언어 사용자에 의해 반영된 언어 체계에 더 많은 역할과 비중을 두었기 때문에 방법론적인 면에서 차이가 있다고 하겠다. 체험주의와 경험주의를 바탕으로 한 원형이론, 범주화, 개념화는 인간의 인지 작용의 핵심으로 언어 체계 밖의 인간의 지각, 인지, 추론 등에 대하여 기존의 이론들이 설명할 수 없었던 부분에 대하여 더 객관적이고 논리적으로 접근하였다.

필모어(Fillmore)의 틀의미론, 랭애커(Langacker)의 인지문법, 레이코프(Lakoff)의 ICMs에 바탕을 둔 은유와 환유이론 등은 우리의 뇌의 이상적 인지 모형을 제시한 것이라 할 수 있다. 인지의미론의 의미를 다루는 시각이 범주화나 개념화에서 출발한다고 할 때 영어의 'meaning'

은 프랑스어에서는 문맥에 따라 'signification'이나 'sens'로 번역될 수 있는 경우가 있고 그렇지 못한 경우도 있다. 독일어에서의 'Bedeutung'과 'Sinn' 사이의 구별은 영어의 'meaning', 'sense' 사이의 구별과 일치하지 않는다. 이것도 물론 인간의 인지 작용에 따른 차이에서 기인하는 것이지만 동적언어이론에서는 인간의 내부세계와 사물의 외부세계 사이의 중간세계에서 일어나는 언어의 작용이라고 언급하고 있다.

에스키모인의 언어에 있어서는 〈눈〉이 그들의 생활에 중요한 문화적 항목이기 때문에, 〈가루눈〉, 〈젖은 눈〉, 〈큰 눈〉의 구별이 발견되고 있으며, 오스트리아어에는 'sand'에 관한 낱말이 여러 개로 분절되어 나타나고 있다. 또 동기관계(형제자매 관계)라는 말의 경우, 말라야 말과 터키 말은 각각 /saudara/, /kardes/라는 단일의 형태로만 표현하고, 영어는 /brother-sister/, 독일어는 /Bruder-Schwester/라는 두 형태의 관계로 표현하고 있다. 한국어의 경우는 동기 관계에 관한 한, 성의 구별, 상하의 구별뿐만 아니라, 성에 따른 상대적인 관계까지도 관심의 대상으로 삼고 있다. 남자의 윗사람이라도 남자 측에서 보면 '누나'이지만, 여자 측에서 보면 '언니'이기 때문이다.[11] 이러한 예들은 동적언어이론에서는 중간세계는 그 나라 언어공동체의 고유하고 독자적인 언어 형태로 나타나고 있다.

바이스게르버는 이러한 중간세계 이론을 바탕으로 언어의 전 영역을 포괄할 수 있는 언어 연구의 4단계를 설정하였다. 즉, 바이스게르버는 언어 연구를 일차적으로 문법적 조작의 정적인 고찰과 언어학적 조작의 동적 고찰로 크게 나누고 있다. 문법적 조작의 정적인 고찰은 다

---

11 위의 책, 19쪽.

시 '기능'과 '의미(Funktion, Beudeutung)'를 그 주된 개념으로 하는 형태 중심(gestaltbezogen)의 고찰과 '내용(Inhalt)'을 그 주된 개념으로 하는 내용 중심(inhaltbezogen)의 고찰, 언어학적 조작의 동적 고찰은 '포착(Zugriff)'을 그 주된 개념으로 하는 직능 중심(leistungbezogen)의 고찰과 '타당성(Geltung)'을 그 주된 개념으로 하는 작용 중심(wirkungbozogen)의 고찰로 각각 분류함으로써 궁극적으로 4단계 연구 과정을 설정하고 있다.[12] 형태 중심 고찰의 주요 대상은 언어의 음성적 및 감각적인 측면으로 '내용' 측면에 대한 형태 중심의 전망을 하게 되며 이러한 전망은 관계 개념인 의미(Beudeutung)로서 나타나게 된다. 내용 중심의 고찰에서는 언어의 정신적인 측면(geistig), 즉 내용을 내용 자체의 관점에서 해명하고 있는데, 바이스게르버는 언어 요소의 내용을 단순히 음성 측면과 대립하는 것으로서가 아니라, 인간과 객관세계 사이에 설정될 수 있는 정신적인 중간층의 사유 구성체(Gedankengebilde)로서 간주하고 있다.[13]

직능 중심의 고찰에서는 민족마다의 고유한 정신을 언어 자체에 끌어들이게 됨으로써 세계를 언어화하는 '포착(Zugriff)'의 과정을 거치게 되며, 작용 중심의 고찰에서는 이러한 포착된 결과물의 타당성이 모국어 공동체에 의하여 검증을 받게 된다. 여기서 형태 중심의 고찰을 제외한 내용 중심의 고찰, 직능 중심의 고찰, 작용 중심의 고찰은 발화자의 정신의 영역을 배제하고서는 다룰 수 없는 부분이므로 인간의 인지 작용의 과정을 부분적으로 보여준 예라고 할 수 있으며, 그 구체화된 내용

---

12 정시호, 『어휘장이론연구』, 경북대학교 출판부, 1994, 56~64쪽.
13 김재영, 『성능중심 어휘론』, 국학자료원, 1996, 4~6쪽.

이 인지의미론의 여러 가지 인지 모형에 의하여 나타난 개념화 방식이라고 할 수 있다.

2. 은유의 개념과 종류

고대 그리스 시대부터 은유(metaphor)에 대한 견해는 어떤 의견에 대하여 찬성하거나 반대하는 데 있어서 청자에게 영향을 미치거나 행동을 취하도록 영향을 주는 말의 기술인 수사법의 한 종류로 받아들여졌다. 흔히 처음으로 은유를 분석한 사람을 아리스토텔레스(Aristotle)라고 알고 있지만 사실 소크라테스(Socrates)나 플라톤(Plato)은 오늘날까지 언어에 대한 우리의 생각을 지배해온 수사적(rethoric)인 견해를 가지고 있었다. 소크라테스는 수사적인 발화나 문체적인 발화를 토론에서 이기고자 할 때의 어떤 현명함으로 보았지 진정한 지식으로는 보지 않았다.[14]

전통적인 철학에 가장 영향을 많이 미친 학자는 아리스토텔레스인데, 그는 그의 저서 『시학(*Poetics*)』에서 은유에 대하여 최초로 자세하게 분석하였다. 아리스토텔레스는 은유는 한 사물에서 다른 어떤 것에 적절하게 명칭을 부여하는 것으로 구성된다고 하면서 전의(transference)는 ① 속(genus)에서 종(species)으로 또는 ② 종에서 속으로 또는 ③ 종에서 종으로 또는 ④ 유추(analogy)를 통해서 이루어진다고 하고 있다.[15] 다르메

---

14 E.C. Way. *Knowledge representation and metaphor*, Kluwer academic publishers, 1991, p.2.

15 Aristotle, *Poetics*, Traslated by John Warrington in Aristotle' Poetics and Rehtoric,

스테테르(A. Darmesteter)는 1885년 2학기가 끝날 무렵 소르본에서 행한 다섯 번에 걸친 강의를 토대로 해서 단어의 의미론적 연구에 관한 『낱말의 상태(*LA VIE DES MOTS*)』라는 책을 간행하였다. 그는 낱말의 여러 가지 의미 변화의 유형으로 은유를 설명하고 또 은유의 발전과정에 대하여 설명하고 있는데, 은유는 두 대상이 서로 비교될 수 있는 공통 특질에 대해서 한쪽의 이름이 다른 쪽에 적용되는 비유법의 하나라고 보고 있으며, 은유의 발전 과정을 두 시기로 나누었다. 첫째 시기는 은유가 아직도 생생하여 낱말이 비록 둘째 것을 가리킬지라도 아직 첫째 것의 이미지를 눈에 선하게 불러일으킬 수 있는 단계라고 하고, 두 번째 단계는 이미 첫째 것의 이미지를 거의 잊어버리게 되어 낱말은 둘째 것을 불러일으키는 것만으로 끝나게 되는 단계라고 하고 있다.[16]

20세기에 들어 논리실증주의자들 역시 언어를 반드시 문자적인 것이라고 바라보았는데, 논리실증주의자들은 언어의 목적은 실재(reality)를 문자적으로 기술하는 것이며, 테스트할 수 있어야 하고 또한 증명될 수 있어야 한다고 하였다. 모호한 지시체를 가지고 두 개의 참 가치를 가진 은유는 논리외적인 상태로 간주되었기 때문에 적어도 과학이나 철학의 관점에서는 의미가 없다고 하였다.[17] 즉, 언어가 처음 연구된 이후로

J.M. Dent and Sont Ltd, London, 1963. p.36.

16 A. Darmesteter는 의미 변화의 유형으로 네 가지 구별을 두었다. 提喩(synecdoque), 換喩(métonymie), 隱喩(métaphore), 轉化(catachrése)이 그것이다. 이에 대해서는 A. Darmesteter, *La Vie des mot étudiée dans leurs significations*, Paris : Paris, Delagrave,1946[『낱말의 생태 : 단어의 의미론적 연구』, 최석규 역, 대한교과서주식회사, 1963, 36쪽 참조]

17 E.C. Way. *Knowledge representation and metaphor*, Kluwer academic publishers, 1991, p.2.

은유의 정확한 성질은 언어학자와 철학자들 사이에서 흥미의 대상이 되어왔지만, 은유는 언어의 고유 영역에서 벗어나 대부분 주변적인 위치를 차지하였으며, 대부분의 사람들에게 있어서 은유는 단순히 시나 문학에서 상상의 구에 사용되는 부차적인 현상으로 받아들여진 것 같다. 은유의 새로운 개념과 언어에서의 역할에 대해 자극을 하였는데 E.C. Way(1991)에서는 은유를 일탈이나 단순히 장식적인 것으로만 보지 않고, 언어의 사용에 존재하는 원리이며 은유 없이는 평범한 담론의 세 문장도 거칠 수 없다고 지적하였다. 그리고 Richard(1936)에서는 은유가 한 단어 사용에서의 변화라는 것을 부인하고 한 단어나 구에 의해 지지받거나 활동적인 개별 사물의 두 사고 간의 상호작용이라고 여겨 은유의 영역을 단어에서 문장, 단락, 텍스트까지 확장하였다. 그는 인간의 인지는 기본적으로 문자적이라기보다 은유적이며, 이러한 것을 사고의 상호작용으로부터 파생되어 나왔다고 언급하고 있다.[18]

1960년대 이래로 생성언어학에서는 일상 언어에 나타나는 은유에 주목하였으나, 그것은 "낱말의 의미는 필요충분 자질들의 집합으로 표시된다"는 고전범주화의 원리에 위배되는 것이기에 일탈된 표현으로 간주하였으며, 설(Searle)은 은유에 대한 화용론적 접근을 하였다. 즉, 의미론과 화용론이 구별되어야 함을 전제로, 주어진 발화가 일단 대화적으로 맞지 않는다고 인정될 경우에 이 발화를 일련의 화용론적 해석 규칙에 적용하려고 하였다. 그리고 인지문법이 발달한 이후 은유에 대한 보다 많은 논의가 이루어졌다.

---

18 I.A. Richard, *The Philosophy od Rhetoric*, Oxford University Press, 1936. pp.93~94.

이익환(1994 : 297~299), 레이코프와 존슨(Lakoff & Johnson, 1980)에서는 은유를 경험의 한 영역, 즉 '근원영역'에서부터 다른 경험의 영역, 즉 '목표영역'으로의 체계적인 인지사상(cognitive mapping)이라고 규정하고, 이를 '개념적 은유(conceptual metaphors)'라고 하였다. 개념적 은유의 속성은 고정된 대응관계를 가지고 있으며, 이것은 또 공통의 경험에 의해서 이해되며 언어 속에 널리 관습화되어 있다고 하고 있다. 또 근원영역과 목표영역은 존재론적- 인식론적 대응관계를 가지고 있는데, 근원영역에서의 함의는 목표영역을 추리하는 데 사용된다고 하고 있다.[19] 그리고 그 이후에 로널드 랭애커(Ronald Langacker, 1987), 조지 레이코프(George Lakoff, 1993), 웨이(E.C. Way, 1991), 앤드루 고틀리(Andrew Goatly, 1997) 등에 의하여 은유에 대한 연구가 이루어졌다.

지금까지 고대 그리스 시대부터 생성언어학의 시대를 거쳐, 인지언어학에서 은유에 대한 관점을 살펴볼 때 인간은 은유적인 개념 체계를 분명히 가지고 있으며, 일상 언어에서 쓰이는 은유뿐만 아니라 문학적인 은유까지도 일탈된 표현이 아니라 매우 자연스럽고 정상적인 기제라고 받아들여진다. 레이코프에 의하여 제안된 이상적 인지 모형(ICMs)의 대표적인 예인 은유는 개념적 은유이론, 영상도식이론, 개념적 혼성 이론으로 구분될 수 있다.[20]

---

19 임지룡, 『인지의미론』, 탑출판사, 1997, 173~177쪽.

20 심지연, 『국어 관용어의 인지의미론적 연구』, 고려대학교 대학원 국어국문학과 박사학위논문, 2009, 52~63쪽.

1) 개념적 은유이론[21]

(1) 구조적 은유(structual metaphor)

한 개념이 다른 개념의 관점에서 은유적으로 구조화되는 경우를 말하는 것으로 예를 들면 "논쟁은 전쟁(argument is war)"의 경우 '논쟁'은 '전쟁'의 관점에서 부분적으로 구조화되고 이해되는 것이다.

예　너의 주장은 방어될 수 없다.(Your claims are indefensible.)
그는 나의 논증의 모든 약점을 공격했다.(He attacked every weak point in my argument.)
나는 그의 주장을 분쇄했다.(I demolished his argument.)

(2) 지향적 은유(orientational metaphor)

어떤 개념을 다른 개념의 관점에서 구조화하는 것이 아니라 오히려 상호 관련 속에서 개념들의 전체 체계를 조직하는 은유적 개념으로 이 은유의 대부분의 개념은 위-아래, 안-밖, 앞-뒤, 접촉-분리, 깊음-얕음, 중심-주변 등의 공간적 지향성과 관련이 있다. 예를 들어 행복이 위(up)라는 공간적 지향성을 갖는다는 것은 'I am feeling up today' 같은 영어표현을 생성한다.

21　G. 레이코프 · M. 존슨,『삶으로서의 은유』, 노양진 · 나익주 역, 서광사, 1980.

예 행복은 위이다. 슬픔은 아래이다.(Sad is down)

나의 사기가 올랐다.(My spirits rose)

나는 의욕이 떨어졌다.(My spirits sanks)

(3) 존재론적 은유(ontological metaphor)

개체은유, 물질은유, 그릇은유를 들 수 있는데, 우리는 물건과 물질의 관점에서 우리의 경험을 이해함으로써 경험의 부분들을 선택하고 그것을 동일한 종류의 분리된 물건이나 물질로서 다룰 수 있게 된다. 일단 우리의 경험을 물건이나 물질로서 식별할 수 있다면 우리는 그것을 지시할 수 있고, 범주화할 수 있고 무리 지을 수 있으며 양화할 수 있다. 그리고 이 방법으로 그것들에 대하여 사유할 수 있다. 존재론적 은유의 범위는 광범위한 것으로 지시, 양화, 양상 식별, 원인 식별, 목표 설정 및 행동의 동기 부여 등으로 나타난다. 그릇 은유는 땅 영역, 시야, 사건, 행동, 활동, 상태 등으로 나타나고 있다.

예 인플레이션은 개체이다.(Inflation is entity)

나는 인플레이션이 지긋지긋하다.(Inflation makes me sick)

그것은 멋진 포구였다.(That was a beautiful catch)

너는 마음속에 너무 많은 적개심을 담고 있다.(You have got too much hostility in you)

그는 내 시야 안에 있다.(I have him in sight)

그는 사랑에 빠져 있다.(He is in love)

2) 영상도식 이론

(1) 그릇도식

그릇도식은 '안', '경계', '밖'의 구조로 이루어진 영상도식으로 우리는 몸을 하나의 그릇으로 경험하기도 하고 그릇 속에 있는 사물로 경험하기도 한다.

> 예 정신이 나갔다.
>
> 정신이 〈들었다/돌아왔다〉
>
> 열린 사고
>
> 닫힌 사고[22]

(2) 연결도식

연결도식은 두 개체의 연결 구조에 의한 영상도식으로 어머니와 탯줄로 연결되어 있었던 우리의 신체적 경험으로부터 시작된다. 이 도식에서 주로 연결은 긍정적 가치를 분리는 부정적 가치를 지닌다.

> 예 문우들이 하나 둘 흩어지고 세상을 버리게 되자 그들의 글을 찾아 모아 총서로 엮어내기도 했다.(『경향신문』, 2007.8.4)[23]

---

22 임지룡, 앞의 책, 177쪽.
23 심지연, 앞의 글, 61쪽.

3) 개념적 혼성이론

개념적 혼성이론은 기존의 개념적으로는 결함을 극복하기 위하여 나온 것으로 이종열(2002)에서는 혼성 공간을 통한 개념적 혼성 작용을 강조하고 있으며, 또한 이 모형에서는 두 개의 정신 공간을 입력 공간으로 해서 발생하는 인지 작용에 대하여 언급하고 있다.[24]

예   저 의사는 백정이야.(This surgeon is butcher)

3. 어휘 대립의 중화 현상

분절구조의 이해는 관점의 발견을 의미하게 되고, 일반적으로 관점은 어휘의 대립이라는 양상으로 구체화되는 것으로, 코세리우(E. Coseriu)는 음운구조에서 어휘구조를 유추하여 '어휘분절구조(Wortfeld)[25]는 음운론에 있어서 자음 또는 모음의 체계에 대응하고 있으며, 그것들과 마찬가지로 변별적 특징으로 분석될 수 있다고 하고 있다.

코세리우와 나이다(E.A. Nida)에 의한 대립항 사이의 관계에 의한 대

---

24 이종열, 「국어 비유적 의미의 인지과정에 대한 연구」, 경북대학교 박사학위 논문, 2002, 63쪽.

25 '어휘분절구조(Wordfeld)'라는 용어는 지금까지 통용되고 있는 '낱말밭, 의미장, 개념장, 어휘장, 언어장, 語野, 文野, 語場' 등으로 불려오고 있는 용어에 대한 대안으로 마련된 것이다. 이에 대하여는, 배해수, 『한국어와 동적언어이론』, 고려대학교 출판부, 1998, 188쪽 참조.

립의 유형과 언어적 대립의 기능의 한 예외를 만드는 '중화' 현상을 배해수(1994)와 임지룡(1987)을 중심으로 살펴보면 다음과 같다.

1) 상하대립

원어휘소가 그것이 포함하는 어휘소와의 사이에서 성립되는 대립으로 이것은 상위의 관점과 하위의 관점 사이의 관계에 근거한다. 즉, 원어휘소에 비하여, 어휘소에는 하나 이상의 관점이 더 개입되어 있는 것이다. 예를 들면, 〈집짐승〉이라는 원어휘소와 그것이 포함하는 [소, 개, 돼지, ……] 등의 어휘소 사이에서, 그리고 원어휘소 〈탈것〉과 그것에 포함되는 어휘소인 [자동차, 배, 비행기, 기차, ……] 등의 사이에서 상하대립이 성립된다.

2) 단계적 대립(계단대립)

음운에 있어 단계적 대립이란 '대립항이 어떤 동일한 성질의 정도의 상이 또는 등급에 의해서 특징 지어진다'고 하고 있는데, 이에 유추하여 코세리우는 온도를 표시하는 형용사의 분절구조를 표시하고 있다. 거기서 각각의 형용사는 온도라는 동일한 성질에 관해서 정도의 상이 또는 등급을 표시하고 있고 내용적으로는 단계적 대립을 이루고 있다. 배해수(1994)에 나타난 국어의 예에서는 온도어에서 '뜨겁다(덥다), 따뜻하다, 미지근하다, 시원하다, 서늘하다, 차다, (춥다)' 사이의 대립이나 친척 명칭의 '아들, 손자, 증손자, …' 사이의 대립이 있다.

3) 등치적 대립

등치적 대립이란 '개개의 항 사이에는 어떠한 서열도 인정되지 않고, … 여러 가지 항이 논리적으로 동등하다'라는 관계를 나타내는 것으로 예를 들면 빛깔형용사에 있어서 '붉은, 오렌지빛의, 누른, 푸른, 파란 등'의 각각의 형용사는 등치적 대립을 이루고 있다. 배해수(1994)에 나타난 국어의 예를 살펴보면 '집짐승' 아래에 포함되는 '개, 소, 돼지'들 사이의 대립이나, 〈어버이 항렬 친척〉 아래에 포함되는 '시어머니, 장모, 이모'들 사이의 대립이 이에 해당한다.

4) 유무적 대립

음운에 있어서 유무적 대립이란 '대립 항의 한쪽은 어떤 특징의 존재에 있어서 특색 지어지고 다른 쪽은 그 특징의 존재하지 않는 것에 의해서 특색 지어진다'는 것으로 국어의 예를 살펴보면 〈존재〉라는 관점을 축으로 하여 성립되는 '있다/없다'의 대립, 〈성〉이라는 관점을 축으로 하여 성립되는 '남자/여자, 형제/자매, 아버지/어머니'의 대립이 이에 해당한다.

5) 중화

중화(neutralization)는 일정한 관점에 따라 서로 대립하던 어휘소들이 특정한 환경에서 그 대립의 기능을 상실하는 것으로 예를 들면 '형제'와 '자매'는 〈성〉이라는 관점을 근거로 서로 대립하지만, 전자가 자매들 사이에서 사용될 때는 '자매'와의 대립적인 기능을 상실하게 되는 경우를 말한다. 이러한 어휘소는 내용의 범위가 더 넓은 낱말로, 또 경우에 따라서는 원어휘소에 위치하는 낱말로 이해될 수 있다.

중화 실현성의 기준이란 정도반의어에서 중화가 실현된 쪽을 무표항, 대립이 유지되고 있는 상태를 유표항으로 보는 입장으로서, 적극적인 쪽을 무표항과 유표항으로, 소극적인 쪽을 유표항으로 규정하고 있다.

4. 『한중록』의 어휘와 중화 현상

작품에 반영된 저자의 어휘 선택과 문체는 그 작품만의 고유한 가치를 뒷받침하는 부분이며, 작가는 개인 상징성을 바탕으로 한 어휘 선택을 통하여 작가가 독자에게 말하고자 하는 바가 더 명시적으로 전달될 수 있다고 생각한다. 『한중록』에 나타난 혜경궁 홍씨의 임오화변에 대한 회고와 친정에 대한 뼈저린 아픔은 이 작품의 어휘 선택과 문체에 상당한 영향을 준 것으로 추정된다.

전문을 통하여 나타나는 '원통코 원통토다', '원통원통한 바는', '원통원통할 뿐이로다', '원통원통이로다', '망극망극하니라', '망극망극 차마 거들지 못할 말이 많고', '망극망극하니', '망극망극하더니, '망극망극한 병환으로', '흉한 모함이 망극망극하였느니라', '서럽고 서럽도다, '통곡통곡이로다', '통곡통곡할 뿐이로다', '섧고 섧던', '설움이 극진하신지라', '섧고 섧도다', '지극한 아픔', '독물', '일물', '모년' 등의 표현은 인지의미론적 관점에서 볼 때 개인 상징을 바탕으로 한 은유적인 표현이라고 할 수 있으며, 더 나아가 이러한 표현은 어휘가 다의어화되기 전 단계인 중화의 단계라고 추정할 수 있다. 즉 혜경궁 홍씨는 본인의 말로 표현할 수 없을 정도의 슬픈 감정, 회한 등을 부정적인 어휘 선택의 지속적인 반복, 상반된 내용을 함의하고 있는 어휘 선택의 결합, 반어법, 감탄체를 통하여 나타내고 있는 것이다. 그 구체적인 내용을 살펴보면 다음과 같다.

(1) 세상에 나 같은 사람이 어이 있으리오. <u>원통코 원통토다.</u>[26]

(2) 영조께서 그 아드님의 병환은 모르시고, 다 불효한 것으로만 들리시니, <u>원통원통할</u> 뿐이로다.(142쪽)

(3) 다만 <u>원통원통한</u> 바는 의대 병환으로 무수히 옷을 갈아입으시다가 어찌어찌하여 생무명옷 한 벌을 입으시니, 그 날도 생무명 의대를 입고 계신지라.(132쪽)

(4) 그런데 이제 어디 가야 정조의 한 글자 서신이나 얻으리오. <u>원통원통이로다.</u>(298쪽)

---

26 혜경궁 홍씨, 『한중록』, 정병설 역, 문학동네, 2010, 21쪽. 이후 이 문헌의 인용은 문장 뒤 괄호에 쪽수만 표기한다.

(5) 이 바람에 때가 지나도록 발상과 거애를 못 하니 더욱 망극망극하니라.(72쪽)

(6) 경모궁께서 저어체에게 '잘 안 해준다' 하고 편지를 써 보내신 것 가운데 망극망극 차마 거들지 못할 말이 많고(122쪽)

(7) 영조께서 휘령전에 좌정하시고 칼을 안고 두드리시며 그 처분을 하시니라. 이 모습이 차마 망극망극하니 내 어찌 기록하리오.(132쪽)

(8) 본집으로 나온 후 아버지도 뵙지 못하고 망극망극하더니, 그 이튿날 아버지께서 영조의 하교를 받아 집으로 나오시니라.(139쪽)

(9) 경모궁께서도 망극망극한 병환으로 인하여 만만 어쩔 수 없는 일을 당하신 것이라.(153쪽)

(10) 대저 1760년과 1761년부터 나라에 큰 변괴가 나고 내 집에는 흉한 모함이 망극망극하였느니라.(421쪽)

(11) 모르는 이는 세자를 잘 보필하지 못했다 책망하나, 누구에게 구구한 변명을 하리오, 그저 겪으신 일이 험하다 할 뿐이니, 서럽고 서럽도다.(102쪽)

(12) 우리집 문호가 지극히 성하니 저물주의 꺼림인지 귀신의 노함인지, 1755년 겨울 작은아버지의 실언 한마디로 집안이 망하기에 이르니, 이 어떤 하늘이뇨. 통곡통곡이로다.(233쪽)

(13) 삼십 년 동안 나를 무겁게 짓누른 망극한 일을 저희들은 그저 다른 사람을 해치는 계교로 삼고 함정에 빠뜨리는 수단으로 삼으려 할 뿐이니, 통곡통곡할 뿐이로다.(323쪽)

(14) 내 섧고 섧던 마음을 손자에게 붙여 만세 동안 태평하기를 기약하였더니, 국운이 불행하여 1786년 문효세자가 죽으니 주상이 다시 외로워지고 국세의 위태함이 새로운지라.(247쪽)

(15) 섧고 섧도다. 1764년 세손인 정조를 효장세자의 양자로 만드신 일이야 차마 어찌 일컬으리오.(299쪽)

(1)부터 (15)까지는 부정어를 반복 사용함으로써 본인의 감정을 최대한 강조하려 하고 있다. 이러한 어휘의 사용은 혜경궁 홍씨만의 독특한 어휘 선택과 문장 표현이라고 할 수 있는데 책의 전반에 걸쳐 이러한 표현은 지속적으로 자주 등장하고 있다. 인지의미론적 관점에서 볼 때 이러한 표현은 개인의 고유한 직간접적인 경험을 바탕으로 저자의 고유한 사고를 개념화하는 과정이라고 할 수 있으며, 그러한 상징의미는 어휘분절구조의 중화를 바탕으로 한 은유적인 표현이라고 말할 수 있다.

(16) 경모궁계서 답답함은 더욱 성하고 설움이 또 극진하신지라.(94쪽)

(17) 하지만 지극한 아픔은 마음에 있고 집안의 화색은 천만 가지로 박두하니, 내 가슴을 어루만져 애통하며 죽어 보지 말고자 하니라.(233쪽)

(16)의 '설움이 또 극진하신지라'라는 표현은 현대국어에서 일반적으로 '설움이 북받치다, 설움이 극에 달하다'와 같은 표현으로 나타나지만 저자는 부정어와 긍정어의 결합을 통하여 '설움이 북받쳐오르다'는 표현을 강조하고 있는 것으로 보여진다. (17)의 '지극한 아픔' 또한 '지극한 정성' 같은 표현으로 쓰여져야 하나 혜경궁 홍씨만의 어휘 선택으로 인하여 각각의 어휘분절구조에 있어서 그 의미가 중화되는 은유적인 표

현이라고 할 수 있다.

인간은 어떤 사물을 바라보고 표현할 때, '은유(metaphor)'라는 매우 자연스럽고 정상적인 기제에 의한 인지구조를 가지고 있는 것으로, 관용어의 표현에 나타나는 함의적인 방식을 벗어나게 되면 이것은 각각의 낱말의 어휘분절구조에서 대립의 가치를 상실하는 중화라고 할 수 있을 것이다.

(18) 후겸이는 어려서부터 괴상한 <u>독물</u>이라.(357쪽)

(19) 어린 것이 오죽하리오마는, 조금도 두려운 빛 없이 당돌히 구니, 그 일을 생각하면 유별한 <u>독물</u>이 아니면 어찌 그리하리오.(370쪽)

(20) 종수는 일생 동안 임금께 직언 한 번 한 일 없고, 그른 일 바르게 한 일 없으며, 한다는 일이라고는 우리 집 치기와 옥사 내기뿐이라. 이 일에만 소매를 걷어붙이고 달려드니, 만고에 이런 뱀 같고 전갈 같은 <u>독물</u>이 다시 어이 있으리오.(399쪽)

(18)~(20)의 '독물'은 대상에 대한 감정의 분노가 집약적으로 나타난 어휘 선택이라고 할 수 있으며 저자만의 인지구조와 책략에 의하여 구조화된 개인적 상징이며 은유적 표현이라고 할 수 있다. 이러한 표현은 혜경궁 홍씨의 분노가 어느 정도인지 이 문자에 나타난 어휘 선택과 문체를 통하여 추정할 수 있다. 이러한 표현은 '독물'이라는 표현이 인간의 개념화 과정에서 물건에서 사람으로 다의어화 되기 전의 과정을 보여주고 있다.

(21) 너희가 말한 <u>일물</u>이 도대체 무엇이냐.(343쪽)

'일물'은 사도세자가 갇혀 죽은 뒤주를 언급하는 것으로 저자가 아닌 정조에 의해 언급된 부분을 인용하고 있지만 임오화변의 일을 일반화시켜 언급할 수 없음이 이 표현에 잘 나타나 있으며 이러한 점은 사물을 바라보는 개념적 은유의 한 예라고 할 수 있다.

(22) 대저 <u>모년</u> 일을 시방 사람이 뉘 나같이 알며 설움이 뉘 나와 선왕 같은 이 있으며, 경모궁께 사이 없는 정성이 뉘 나 같은 이 있으리오.[27]

'모년'은 사도세자가 화를 당한 영조 38년(1762)을 나타내는 것으로, 그해에 대한 언급을 꺼려함이 이 어휘 선택에 나타나 있다. 이것은 '일물'과 함께 그 시대의 사람들이 임오화변과 관련된 일, 객관세계를 어떠한 방식으로 관조하는지 나타내고 있다.

5. 신체 관련 관용어가 포함된 문장의 문체 연구

인간은 어떤 사물을 바라보고 표현할 때, '은유(metaphor)'라는 매우 자연스럽고 정상적인 기제에 의한 인지구조를 가지고 있는 것으로, 포르치히(Porzig, 1934)에서는 어휘적 연대와 은유 사이에는 특정한 관계가 성립함을 말하고 있다. 예를 들어 그는 bellen–Hund(짓다–개), wiehern–Pferd(울다–말), blühen–Pflanze(꽃피다–식물), fällen–

---

27 혜경궁 홍씨, 『한중록』, 정은임 교주, 이회, 2008, 314쪽, 316쪽.

Baum(벌채하다—나무) 등의 사이에서 확인될 수 있는 내용상의 결합성을 본질적인 의미 관계라는 표현으로써 표시하였다.[28] 예컨대 '짓다'는 '개'를 , '발사하다'는 '대포'를 함의하고 있으며 이 두 의미 관계가 교차된 '대포가 짓는다'라는 표현을 '은유'라고 보고 있다. 이 단락에서는 신체 명칭 '손'과 '발', '입' 관련 중심 관용어를 중심으로 은유의 표현에 대하여 고찰해보고자 한다.

1) 신체명칭 '손'

(1) 손에 넣다

〈신체〉 명칭의 하위분절구조를 구성하고 있는 〈손〉의 하위분절구조에 있어서 [손]이라는 낱말과 〈담다〉의 분절구조에 있는 [넣다]라는 낱말이 유표성을 상실하는 '중화' 현상에 의하여 '자기 것으로 만들다'라는 관용어를 형성한다.[29]

(2) 손에 달리다

〈신체〉 명칭의 하위분절구조를 구성하고 있는 〈손〉의 하위분절구조에 있어서 [손]이라는 낱말과 〈매여 있다〉의 분절구조에 있는 [달리다]라는 낱말이 '중화' 현상에 의하여 유표성을 상실하는 '누구에게 매이거

---

28 E. 코세리우,『현대의미론의 이해』, 허발 역, 국학자료원, 1997, 93~94쪽.
29 〈 〉 표시는 의미소(意味素), 의소(意素)를 나타내는 것으로, 상위분절구조에 있어서 가장 상위에 있는 〈 〉 표시는 원어휘소(Archilexeme)를 나타낸다. [ ] 표시는 낱말의 개체를 표시한다.

나 좌우되다'의 관용어를 형성한다.

(3) 손에 들다

'손에 넣다'라는 관용어와 마찬가지로, 〈손〉의 하위분절구조에 있어
서 [손]이라는 낱말과 〈들다〉의 분절구조를 이루고 있는 [들다]라는 낱
말이 '중화' 현상에 의하여 유표성을 상실하는 '누구의 손아귀에 들어가
다'라는 관용어를 형성한다.

(4) 손에 들어가다

'손에 넣다', '손에 들다'라는 관용어와 마찬가지로, 〈신체〉 명칭의 하
위분절구조를 구성하고 있는 〈손〉의 하위분절구조에 있는 [손]이라는
낱말과 〈들다〉의 분절구조에 있어 [들어가다]라는 낱말이 '중화' 현상에
의해 유표성을 상실하는 '그 사람의 것이 되다'라는 관용어를 형성한다.

(5) 손에 떨어지다

'손에 넣다', '손에 들다', '손에 들어가다'라는 관용어와 마찬가지로,
〈신체〉 명칭의 하위분절구조를 구성하고 있는 〈손〉의 하위분절구조에
있는 [손]이라는 낱말과 〈하락한다〉의 분절구조에 있어 [떨어진다]라는
낱말이 '중화' 현상에 의하여 유표성을 상실하는 '어떤 사람의 손아귀에
마침내 들어가다.'의 관용어를 형성한다.

(6) 손에 붙다

〈신체〉 명칭의 하위분절구조를 구성하고 있는 〈손〉의 하위분절구조
에 있는 [손]이라는 낱말과 〈밀착하다〉의 분절구조에 있어 [붙다]라는

낱말이 '중화' 현상에 의하여 유표성을 상실하는 '능숙해져서 능률이 오르다'라는 관용어를 형성한다.

(7) 손에 오르다

〈신체〉 명칭의 하위분절구조를 구성하고 있는 〈손〉의 하위분절구조에 있는 [손]이라는 낱말과 〈올라가다〉의 분절구조에 있어 [오르다]라는 낱말이 유표성을 상실하는 '중화' 현상에 의하여 '손에 익숙하여가다'라는 관용어를 형성한다.

(8) 손에 익다

〈신체〉 명칭의 하위분절구조를 구성하고 있는 〈손〉의 하위분절구조에 있어서 [손]이라는 낱말과 〈익다〉의 분절구조에 있는 [익다]라는 낱말이 유표성을 상실하는 '중화' 현상에 의하여 '이제 익어서 어려운 일도 척척 해낸다'라는 관용어를 형성한다.

(9) 손에 잡히다

〈신체〉 명칭의 하위분절구조를 구성하고 있는 〈손〉의 하위분절구조에 있어서 [손]이라는 낱말과 〈잡다〉의 분절구조에 있는 [잡히다]라는 낱말이 유표성을 상실하는 '중화' 현상에 의하여 '일할 마음이 내키고 능률이 나다'라는 관용어를 형성한다.

(10) 손에 쥐다

〈신체〉 명칭의 하위분절구조를 구성하고 있는 〈손〉의 하위분절구조에 있어서 [손]이라는 낱말과 〈잡다〉의 분절구조에 있는 [쥐다]라는 낱말이 유표성을 상실하는 '중화' 현상에 의하여 '자기 것으로 만들다'라는 관용어를 형성한다.

(11) 손을 끊다

〈신체〉 명칭의 하위분절구조를 구성하고 있는 〈손〉의 하위분절구조에 있어서 [손]이라는 낱말과 〈절단하다〉의 분절구조에 있는 [끊다]라는 낱말이 유표성을 상실하는 '중화' 현상에 의하여 '관계를 청산하다'라는 관용어를 형성한다.

(12) 손을 놓다

〈신체〉 명칭의 하위분절구조를 구성하고 있는 〈손〉의 하위분절구조에 있어서 [손]이라는 낱말과 〈두다〉의 분절구조에 있는 [놓다]라는 낱말이 유표성을 상실하는 '중화' 현상에 의하여 '하던 일을 그만두다'라는 관용어를 형성한다.

(13) 손에 떨어지다

〈신체〉 명칭의 하위분절구조를 구성하고 있는 〈손〉의 하위분절구조에 있어서 [손]이라는 낱말과 〈하락하다〉의 분절구조에 있는 [떨어지다]라는 낱말이 유표성을 상실하는 '중화' 현상에 의하여 '일이 끝이나다'라는 관용어를 형성한다.

(14) 손을 벌리다

〈신체〉 명칭의 하위분절구조를 구성하고 있는 〈손〉의 하위분절구조에 있어서 [손]이라는 낱말과 〈펼치다〉의 분절구조에 있는 [벌리다]라는 낱말이 유표성을 상실하는 '중화' 현상에 의하여 '무엇을 달라고 요구하다'라는 관용어를 형성한다.

(15) 손을 빼다

〈신체〉 명칭의 하위분절구조를 구성하고 있는 〈손〉의 하위분절구조에 있어서 [손]이라는 낱말과 〈빼다〉의 분절구조에 있는 [빼다]라는 낱말이 유표성을 상실하는 '중화' 현상에 의하여 '하고 있던 일에서 빠져나오다'라는 관용어를 형성한다.

(16) 손을 씻다

〈신체〉 명칭의 하위분절구조를 구성하고 있는 〈손〉의 하위분절구조에 있어서 [손]이라는 낱말과 〈씻다〉의 분절구조에 있는 [씻다]라는 낱말이 유표성을 상실하는 '중화' 현상에 의하여 '부정적인 일에 관계를 청산하다'라는 관용어를 형성한다.

2) 신체명칭 '발'

(17) 발을 끊다

〈신체〉 명칭의 하위분절구조를 구성하고 있는 〈발〉의 하위분절구조에 있어서 [발]이라는 낱말과 〈절단하다〉의 분절구조에 있는 [끊다]라는 낱말이 유표성을 상실하는 '중화' 현상에 의하여 '서로 오고 가던 일을 그만두거나 관계를 끊다'라는 관용어를 형성한다. 이 관용어는 (11)의 '손을 끊다'라는 관용어와 같이 분석이 요구되는데 (11)과 (15)가 같은 형태로 관용어가 존재하는 것으로 보아 '손', '발'은 다른 사람과의 관계에 있어 다른 신체부분보다도 더 중요한 위치에 있으며 이러한 점은 인지 작용을 하는 데 있어서도 작용하여 그와 관련된 관용어를 형성하는 것으로 추정된다.

(18) 발을 빼다

〈신체〉 명칭의 하위분절구조를 구성하고 있는 〈발〉의 하위분절구조에 있어서 [발]이라는 낱말과 〈빼다〉의 분절구조에 있는 [빼다]라는 낱말이 유표성을 상실하는 '중화' 현상에 의하여 '관계된 일에서 물러나다'라는 관용어를 형성한다. 이 관용어도 (15)의 '손을 빼다'와 대칭관계를 이루고 있다.

(19) 발을 씻다

〈신체〉 명칭의 하위분절구조를 구성하고 있는 〈발〉의 하위분절구조에 있어서 [발]이라는 낱말과 〈씻다〉의 분절구조에 있는 [씻다]라는 낱말이 유표성을 상실하는 '중화' 현상에 의하여 '관계하던 일에서 물러나 완전히 그 관계를 끊다'라는 관용어를 형성한다. 이 관용어도 (16)의 '손을 씻다'와 대칭관계를 이루고 있다. 이러한 점에서 낱말만 대칭관계를 이루는 것이 아니라 주된 대칭관계를 이루는 낱말로 형성된 관용어에서도 대칭관계를 이루는 경우가 있음을 알 수 있다.

(20) 발이 길다

〈신체〉 명칭의 하위분절구조를 구성하고 있는 〈발〉의 하위분절구조에 있어서 [발]이라는 낱말과 〈길다〉의 분절구조에 있는 [길다]라는 낱말이 유표성을 상실하는 '중화' 현상에 의하여 '음식을 먹는 자리에 우연히 가게 되어 복이 있다'라는 관용어를 형성하고 있다.

(21) 발이 너르다

〈신체〉 명칭의 하위분절구조를 구성하고 있는 〈발〉의 하위분절구조에 있어서 [발]이라는 낱말과 〈넓다〉의 분절구조에 있는 [너르다]라는 낱말이 유표성을 상실하는 '중화' 현상에 의하여 '사귀는 사람이 많아서 활동하는 범위가 넓다'라는 관용어를 형성한다. 이런 의미의 〈발〉에 관계된 명사로는 [마당발]이 있다.

(22) 발이 묶이다

〈신체〉 명칭의 하위분절구조를 구성하고 있는 〈발〉의 하위분절구조에 있어서 [발]이라는 낱말과 〈묶다〉의 분절구조에 있는 [묶이다]라는 낱말이 유표성을 상실하는 '중화' 현상에 의하여 '주로 법적인 조처로 사회활동을 못하게 하다'라는 관용어를 형성하고 있다.

(23) 발이 빠지다.

〈신체〉 명칭의 하위분절구조를 구성하고 있는 〈발〉의 하위분절구조에 있어서 [발]이라는 낱말과 〈빠지다〉의 분절구조에 있는 [빠지다]라는 낱말이 유표성을 상실하는 '중화' 현상에 의하여 '무슨 일에 관계하였다가 경우에 따라서 그만두게 되다'라는 관용어를 형성하고 있다.

(24) 발이 익다

〈신체〉 명칭의 하위분절구조를 구성하고 있는 〈발〉의 하위분절구조에 있어서 [발]이라는 낱말과 〈익다〉의 분절구조에 있는 [익다]라는 낱말이 유표성을 상실하는 '중화' 현상에 의하여 '여러 번 다니어서 길에 익숙하다'라는 관용어를 형성한다.

(25) 발이 짧다

〈신체〉 명칭의 하위분절구조를 구성하고 있는 〈발〉의 하위분절구조에 있어서 [발]이라는 낱말과 〈짧다〉의 분절구조에 있는 [짧다]라는 낱말이 유표성을 상실하는 '중화' 현상에 의하여 '음식을 먹을 자리에 갔으나 다 먹은 뒤여서 먹을 복이 없다'라는 관용어를 형성한다.

3) 신체명칭 '입'

(26) 입만 까다

〈신체〉 명칭의 하위분절구조를 구성하고 있는 〈입〉의 하위분절구조에 있어서 [입]이라는 낱말과 〈까다〉의 분절구조에 있는 [까다]라는 낱말이 유표성을 상실하는 '중화' 현상에 의하여 '실천은 아니하고 말만 그럴듯하게 하다'라는 관용어를 형성하고 있다.

(27) 입만 살다

〈신체〉 명칭의 하위분절구조를 구성하고 있는 〈입〉의 하위분절구조에 있어서 [입]이라는 낱말과 〈존재하다〉의 분절구조에 있는 [살다]라는 낱말이 유표성을 상실하는 '중화' 현상에 의하여 '행동은 그렇지 못하면서 말만 그럴듯하게 잘한다'라는 관용어를 형성하고 있다.

(28) 입만 아프다

〈신체〉 명칭의 하위분절구조를 구성하고 있는 〈입〉의 하위분절구조에 있어서 [입]이라는 낱말과 〈아프다〉의 분절구조에 있는 [아프다]라는 낱말이 유표성을 상실하는 '중화' 현상에 의하여 '여러 번 말해도 말한 보람이 없다'라는 관용어를 형성하고 있다.

(29) 입에 맞다

〈신체〉 명칭의 하위분절구조를 구성하고 있는 〈입〉의 하위분절구조에 있어서 [입]이라는 낱말과 〈맞다〉의 분절구조에 있는 [맞다]라는 낱말이 유표성을 상실하는 '중화' 현상에 의하여 '식성에 들어맞다'라는 관용어를 형성하고 있다.

(30) 입에 오르내리다

〈신체〉 명칭의 하위분절구조를 구성하고 있는 〈입〉의 하위분절구조에 있어서 [입]이라는 낱말과 〈오르내리다〉의 분절구조에 있는 [오르내리다]라는 낱말이 유표성을 상실하는 '중화' 현상에 의하여 '자주 남의 이야기 대상이 되다'라는 관용어를 형성하고 있다.

(31) 입에 오르다

〈신체〉 명칭의 하위분절구조를 구성하고 있는 〈입〉의 하위분절구조에 있어서 [입]이라는 낱말과 〈오르다〉의 분절구조에 있는 [오르다]라는 낱말이 유표성을 상실하는 '중화' 현상에 의하여 '이야기 대상이 되다'라는 관용어를 형성하고 있다.

(32) 입에 올리다

〈신체〉 명칭의 하위분절구조를 구성하고 있는 〈입〉의 하위분절구조에 있어서 [입]이라는 낱말과 〈오르다〉의 분절구조에 있는 [올리다]라는 낱말이 유표성을 상실하는 '중화' 현상에 의하여 '이야기 대상으로 삼다'라는 관용어를 형성하고 있다.

(33) 입에 익다

〈신체〉 명칭의 하위분절구조를 구성하고 있는 〈입〉의 하위분절구조에 있어서 [입]이라는 낱말과 〈익다〉의 분절구조에 있는 [익다]라는 낱말이 유표성을 상실하는 '중화' 현상에 의하여 '입에 버릇이 되다'라는 관용어를 형성하고 있다.

(34) 입에 풀칠하다

〈신체〉 명칭의 하위분절구조를 구성하고 있는 〈입〉의 하위분절구조에 있어서 [입]이라는 낱말과 〈풀칠하다〉의 분절구조에 있는 [풀칠하다]라는 낱말이 유표성을 상실하는 '중화' 현상에 의하여 '겨우 목숨이나 이어갈 정도로 굶지나 않고 산다'라는 관용어를 형성하고 있다.

(35) 입을 막다

〈신체〉 명칭의 하위분절구조를 구성하고 있는 〈입〉의 하위분절구조에 있어서 [입]이라는 낱말과 〈막다〉의 분절구조에 있는 [막다]라는 낱말이 유표성을 상실하는 '중화' 현상에 의하여 '말이 나지 않도록 하다'라는 관용어를 형성하고 있다.

(36) 입을 맞추다

〈신체〉 명칭의 하위분절구조를 구성하고 있는 〈입〉의 하위분절구조에 있어서 [입]이라는 낱말과 〈맞다〉의 분절구조에 있는 [맞추다]라는 낱말이 유표성을 상실하는 '중화' 현상에 의하여 '서로 말이 맞도록 미리 짜다'라는 관용어를 형성하고 있다.

(37) 입을 봉하다

〈신체〉 명칭의 하위분절구조를 구성하고 있는 〈입〉의 하위분절구조에 있어서 [입]이라는 낱말과 〈막다〉의 분절구조에 있는 [봉하다]라는 낱말이 유표성을 상실하는 '중화' 현상에 의하여 '말을 하지 않고 입을 다물다'라는 관용어를 형성하고 있다.

(38) 입을 씻기다

〈신체〉 명칭의 하위분절구조를 구성하고 있는 〈입〉의 하위분절구조에 있어서 [입]이라는 낱말과 〈씻다〉의 분절구조에 있는 [씻기다]라는 낱말이 유표성을 상실하는 '중화' 현상에 의하여 '말을 내거나 다른 말을 못 하도록 몰래 금품을 주다'라는 관용어를 형성하고 있다.

(39) 입을 열다

〈신체〉 명칭의 하위분절구조를 구성하고 있는 〈입〉의 하위분절구조에 있어서 [입]이라는 낱말과 〈열다〉의 분절구조에 있는 [열다]라는 낱말이 유표성을 상실하는 '중화' 현상에 의하여 '말을 꺼내다'라는 관용어를 형성하고 있다.

(40) 입을 틀어막다

〈신체〉 명칭의 하위분절구조를 구성하고 있는 〈입〉의 하위분절구조에 있어서 [입]이라는 낱말과 〈막다〉의 분절구조에 있는 [틀어막다]라는 낱말이 유표성을 상실하는 '중화' 현상에 의하여 '말을 내지 못하도록 단단히 조처하다'라는 관용어를 형성하고 있다.

(41) 입이 가볍다

〈신체〉 명칭의 하위분절구조를 구성하고 있는 〈입〉의 하위분절구조에 있어서 [입]이라는 낱말과 〈가볍다〉의 분절구조에 있는 [가볍다]라는 낱말이 유표성을 상실하는 '중화' 현상에 의하여 '말수가 많고 경솔하다'라는 관용어를 형성하고 있다.

(42) 입이 궁금하다

〈신체〉 명칭의 하위분절구조를 구성하고 있는 〈입〉의 하위분절구조에 있어서 [입]이라는 낱말과 〈궁금하다〉의 분절구조에 있는 [궁금하다]라는 낱말이 유표성을 상실하는 '중화' 현상에 의하여 '속이 헛헛하여 먹고 싶다'라는 관용어를 형성하고 있다.

(43) 입이 근질근질하다

〈신체〉 명칭의 하위분절구조를 구성하고 있는 〈입〉의 하위분절구조에 있어서 [입]이라는 낱말과 〈가렵다〉의 분절구조에 있는 [근질근질]라는 낱말이 유표성을 상실하는 '중화' 현상에 의하여 '무엇을 말하고 싶어서 참을 수가 없다'라는 관용어를 형성하고 있다.

(44) 입이 더럽다

　〈신체〉 명칭의 하위분절구조를 구성하고 있는 〈입〉의 하위분절구조에 있어서 [입]이라는 낱말과 〈더럽다〉의 분절구조에 있는 [더럽다]라는 낱말이 유표성을 상실하는 '중화' 현상에 의하여 '입이 걸거나 말버릇이 고약하다'라는 관용어를 형성하고 있다.

(45) 입이 되다

　〈신체〉 명칭의 하위분절구조를 구성하고 있는 〈입〉의 하위분절구조에 있어서 [입]이라는 낱말과 〈되다〉의 분절구조에 있는 [되다]라는 낱말이 유표성을 상실하는 '중화' 현상에 의하여 '맛있는 음식만 먹으려는 버릇이 있다'라는 관용어를 형성하고 있다.

(46) 입이 떨어지다

　〈신체〉 명칭의 하위분절구조를 구성하고 있는 〈입〉의 하위분절구조에 있어서 [입]이라는 낱말과 〈하락하다〉의 분절구조에 있는 [떨어지다]라는 낱말이 유표성을 상실하는 '중화' 현상에 의하여 '말이 나오다'라는 관용어를 형성하고 있다.

(47) 입이 뜨다

　〈신체〉 명칭의 하위분절구조를 구성하고 있는 〈입〉의 하위분절구조에 있어서 [입]이라는 낱말과 〈뜨다〉의 분절구조에 있는 [뜨다]라는 낱말이 유표성을 상실하는 '중화' 현상에 의하여 '입이 무거워 말수가 적다'라는 관용어를 형성하고 있다.

(48) 입이 짧다

〈신체〉 명칭의 하위분절구조를 구성하고 있는 〈입〉의 하위분절구조에 있어서 [입]이라는 낱말과 〈짧다〉의 분절구조에 있는 [짧다]라는 낱말이 유표성을 상실하는 '중화' 현상에 의하여 '음식을 적게 또는 가려먹는 버릇이 있다'라는 관용어를 형성하고 있다.

(49) 입이 험하다

〈신체〉 명칭의 하위분절구조를 구성하고 있는 〈입〉의 하위분절구조에 있어서 [입]이라는 낱말과 〈험하다〉의 분절구조에 있는 [험하다]라는 낱말이 유표성을 상실하는 '중화' 현상에 의하여 '말을 막되게 하는 버릇이 있다'라는 관용어를 형성하고 있다.

지금까지 『한중록』의 어휘의 상징성과 신체 관련 관용어에 대하여 어휘 대립의 중화 현상으로 그 의미를 고찰해보았다. 고대 그리스 시대부터 어떤 의견에 대하여 찬성하거나 반대하는 데 있어서 청자에게 영향을 미치거나 행동을 취하도록 영향을 주는 말의 기술인 수사법의 한 종류로 받아들여졌던 은유는 소크라테스, 플라톤, 아리스토텔레스, 다르메스테르, 리처드, 블랙(Black)을 통하여 꾸준하게 연구되어왔으며, 1960년대 이래로 설에 의한 화용론적 접근, 로널드 랭애커, 조지 레이코프, 웨이, 고틀리 등에 의하여 은유에 대한 연구가 이루어졌다.

은유 현상은 관점의 발견을 전제로 한 분절구조에 대한 이해를 바탕으로 하는 것으로 일반적으로 관점은 어휘의 대립이라는 양상으로 구체화된다. 코세리우와 나이다는 대립항 사이의 관계를 상하대립, 계단대립, 등치대립, 유무대립, 중화의 개념으로 실현된다고 하였는데, 유표성을 상실하는 중화 현상은 은유의 개념구조를 인지구조로서 설명하는 중요한 부분이 되는 것이다.

이 장에서는 어휘분절구조와 인지의미론, 은유의 개념 및 종류, 어휘 대립의 중화 현상,『한중록』에서 작가의 어휘 선택과 그 어휘 상징성의 의미, '손', '발', '입'에 관련된 49개의 신체표현 관련 관용어에 대하여 동적언어이론의 관점에서 살펴보았다. 손과 발은 신체에서도 중요한 대칭관계를 이루고 있으며 이러한 점은 관용어에서도 그대로 적용되어 대칭관계를 이루고 있다. 이러한 점으로 미루어 다의어가 되기 전의 단계인 은유는 어휘분절구조의 중화의 단계를 거쳐 개념화된다고 추정할 수 있으며 이것은 중간세계이론으로 설명이 가능할 것이다.

『한중록』에 나타난 혜경궁 홍씨의 임오화변에 대한 회고와 친정에 대한 뼈저린 아픔은 이 작품의 어휘 선택과 문체에 상당한 영향을 준 것으로 추정된다. 전문을 통하여 나타나는 '원통코 원통토다', '원통원통한 바는', '원통원통할 뿐이로다', '원통원통이로다", '망극망극하니라', '망극망극 차마 거들지 못할 말이 많고', '망극망극하니', '망극망극하더니, '망극망극한 병환으로', '흉한 모함이 망극망극하였느니라', '서럽고 서럽도다, '통곡통곡이로다', '통곡통곡할 뿐이로다', '섫고 섫던', '설움이 극진하신지라', '섫고 섫도다', '지극한 아픔', '독물', '일물', '모년' 등의 표현은 인지의미론적 관점에서 볼 때 개인상징을 바탕으로 한 은유적인 표현이라고 할 수 있으며, 더 나아가 이러한 표현은 어휘가 다의어화되기 전 단계인 중화의 단계라고 추정할 수 있다.

제5장

현대국어의 〈뼈〉 명칭
어휘구조에 반영된
한국인의 세계관

제5장   현대국어의 〈뼈〉 명칭 어휘구조에 반영된 한국인의 세계관[1]

1. 〈뼈〉 명칭의 기본구조

이 연구는 현대국어의 〈신체〉 명칭의 한 부분을 이루는 〈뼈〉 명칭이 어떠한 모습으로 분절되어 있는가를 해명해보기 위하여 시도된다. 분절구조의 해명은 각각의 낱말들에 대한 자질분석으로 이어지는데, 이러한 자질분석은 〈뼈〉[2]의 의미소(sememe)[3] 규명의 전제작업의 성격을 가진다.

---

1   이 글은 장은하, 「현대국어의 〈뼈〉 명칭 분절구조의 연구」, 『한국학연구』 14집, 고려대학교 한국학연구소, 2002을 수정 · 보완한 것이다.

2   이 논문에서 〈 〉 표시는 표시된 낱말의 자질을 표시하며, [ ]는 사전에 등재되어 있는 낱말을 표시하며, { }는 사전의 뜻풀이를 나타낸다.

3   의미소(sememe)는 의미의 기본단위를 나타내는 것으로, 이 용어는 Bloomfield(1926)에서 語素(morpheme)의 의미라고 최초로 규정된 이후, Nida(1949), Lyons(1963), Greimas(1966) 등의 학자에 의하여 지금까지 계속 사용되고 있다. (김민수 : 1995, 27)

〈신체〉와 관련된 말들은 대부분 고유어를 기본으로 하여 단어의 조성이 이루어지고, 언어공동체의 생활에 깊이 침투되어 그 사용빈도수가 높으며, 비유적 기능이 강하여 순수한 우리말의 어휘체계를 이해하는 데 중요한 역할을 한다.

즉, 〈신체〉와 관련된 용어는 고유어를 바탕으로 [손], [손등], [손바닥], [손가락], [눈], [눈썹], [눈꺼풀], [눈언저리] 등의 낱말과 같이 〈신체〉와 관련된 일반적인 어휘 안에 보다 좁은 의미를 가지는 〈신체〉와 관련된 어휘들이 상세하게 세분화되고, [책상다리], [안경다리], [돌다리], [기둥머리], [난간머리], [산머리]처럼 비유적 기능이 강한 것이 특징으로, 이러한 점은 한국인의 〈신체〉라는 사물을 바라보는 관점과 인간의 두뇌의 인지 체계의 한 단면을 이해하게 한다.

다시 말하여 한국인으로 구성된 언어공동체는 〈신체〉라는 객관세계를 필요에 의하여 보다 세분화된 분절구조로 나누어 바라보고 있으며, 또 새로운 대상을 이름 짓거나 나타낼 때도 그것을 누구나 잘 알고 있고, 사람이 살아가는 데 있어서 중요한 역할을 하는 〈신체〉와 관련된 어휘에 견주어 표현하는 경우가 많다는 것을 나타낸다.

〈신체〉는 〈머리〉, 〈몸통〉, 〈팔다리〉로 이루어지는 〈외부〉와 〈골격〉, 〈근육〉, 〈내장〉, 〈호흡기〉, 〈순환기〉, 〈신경〉, 〈감각〉으로 이루어지는 〈내부〉의 분절구조를 가지고 있는데, 〈뼈〉 명칭의 분절구조는 〈내부〉 분절구조 중 〈골격〉에 해당하는 것이라 할 수 있다. 〈뼈〉 명칭의 분절구조는 크게 〈부위〉와 〈모양〉, 〈성질〉, 〈주체〉라는 메타언어로 하위분절되는 특징을 가지고 있는데 여기서는 〈부위〉에 해당하는 부분의 분절구조만 밝히는 것을 목적으로 한다.

〈뼈〉의 분절구조 중 〈부위〉에 해당하는 부분은 뇌두개골과 안면골을 포함하는 〈두개〉, 〈목〉, 〈몸통〉, 〈팔〉, 〈다리〉로 나누어지는 하위분절구조를 보이고 있다. 〈뼈〉 명칭 분절구조의 특징은 〈신체〉의 내부구조를 나타낸다는 점에서 〈신체〉 외부의 각 명칭의 분절구조와 비교하여 볼 때 공통되는 점도 있지만 더 간략화 된 점도 있다는 점에서 각 분절구조에 있어서 유사점이나 서로 다른 차이점을 규명하는 것도 동일한 객관세계에 대한 다른 관점을 발견한다는 점에서 중요한 의의를 가진다.

이러한 분절구조의 발견을 위해서는 훔볼트와 바이스게르버에 의한 어휘분절구조이론(Wortfeld-theory)이 적용된다. 즉, 언어는 고여 있는 물과 같이, 그 형태와 내용에 있어서 변하지 않고 후세에 전해지는 정적인 단계에만 머물고 있는 것이 아니라 언어공동체와 함께 살아 숨쉬고, 더 나아가 민족의 정신을 형성하는 힘을 가지고 있다는 것으로 바이스게르버는 이러한 사상을 바탕으로 하여 언어 연구의 4단계를 설정하였다. 즉, 바이스게르버는 언어 연구를 일차적으로 문법적 조작의 정적인 고찰과 언어학적 조작의 동적 고찰로 크게 나누고 전자를 다시 기능(Funkton)과 의미(Beudeutung)를 그 주된 개념으로 하는 형태(Gestalt) 중심의 고찰과 내용(Inhalt)을 그 주된 개념으로 하는 내용(Inhalt) 중심의 고찰, 후자를 포착(Zugriff)과 세계의 언어화(das Worten der Welt)가 개념의 중심에 위치하는 직능(Leistung) 중심의 고찰과 타당성(Geltung)을 그 주된 개념으로 하는 작용(wirkungbozogene) 중심의 고찰로 각각 분류하였다.

동적언어이론에서는 어휘론 · 조어론 · 품사론 · 월구성안 등 네 가지 부문의 문법에 대한 연구가 고유의 목표가 되는 것으로 4단계 연구 과정 가운데 2단계의 내용 중심의 고찰이 어휘를 문제 삼게 되는 방법론이 바로 어휘분절구조 이론이다.(배해수, 1998:155~178)

해당 분절구조의 발견을 위해서는 어휘 자료의 수집이 선행되어야 한다. 어휘 자료의 수집을 위해서는 문헌 조사나 조사 대상자를 중심으로 하는 질문지법 등 다양한 방법이 있지만 정적인 에르곤(Ergon)으로서의 언어를 연구하는 과정에서는 모국어 전체 어휘를 대상으로 하여야 하기 때문에 이 글에서는 사전에 의존하는 방법을 택한다.

이 분절에 관계하는 어휘 자료의 수집을 위하여 참조한 사전은 다음과 같다.

- 김민수 편, 『금성판 국어대사전』, 금성출판사, 1996.
- 민중서림, 『漢韓大字典』, 1994.
- 사회과학원 언어연구소 편, 『조선말대사전』, 동광출판사, 1992.
- 신기철 · 신용철 편저, 『새 우리말 큰 사전(상 · 하)』, 삼성출판사, 1980.
- 이희승 편, 『국어 대사전』, 민중서림, 1971.
- 한글학회, 『우리말 큰사전』, 어문각, 1997.
- (주)정소프트, 『PC DIC 7.0』, 1997.

위의 사전류를 통하여 다음의 관련 어휘들이 수집되었는데 이를 보이면 다음과 같다.

(1) 뼈   (2) 머리뼈   (3) 두개(골)(頭蓋骨)

(4) 골통   (5) 골머리뼈   (6) 뇌두개(골)(腦頭蓋骨)

(7) 누골(漏骨)   (8) 비골(鼻骨)   (9) 광대뼈

(10) 입천장뼈　　　　　(11) (구)개골(口蓋骨)　　　(12) 설골(舌骨)

(13) 턱뼈　　　　　　　(14) 악골(顎骨)　　　　　(15) 위턱뼈

(16) 상악골(上顎骨)　　　(17) 아래턱뼈　　　　　　(18) 하악골(下顎骨)

(19) 이틀　　　　　　　(20) 치골(齒骨)　　　　　(21) 치조(골)(齒槽骨)

(22) 귓속뼈　　　　　　(23) 목뼈　　　　　　　　(24) 울대뼈

(25) 몸통뼈　　　　　　(26) 구간골　　　　　　　(27) 가슴뼈

(28) 흉골(胸骨)　　　　　(29) 빗장뼈　　　　　　　(30) 쇄골(鎖骨)

(31) 명치뼈　　　　　　(32) 갈비(뼈)　　　　　　(33) 늑골(肋骨)

(34) 진늑골(眞肋骨)　　　(35) 가늑골(假肋骨)　　　(36) 부늑골(浮肋骨)

(37) 등골(뼈)　　　　　(38) 척수(脊髓)　　　　　(39) 척추(골)(脊椎)

(40) 추골(推骨)　　　　　(41) 궁둥이뼈　　　　　　(42) 무명뼈

(43) 무명골(無名骨)　　　(44) 엉치등뼈　　　　　　(45) 엉덩이뼈

(46) 치골　　　　　　　(47) 불두덩뼈　　　　　　(48) 감춤뼈

(49) 미(추)골(尾椎骨)　　(50) 미저골(尾骶骨)　　　(51) 꽁무니뼈

(52) 꼬리(등)뼈　　　　(53) (사)지골(四肢骨)　　(54) 팔뼈

(55) 다리뼈　　　　　　(56) 각골　　　　　　　　(57) 상지골

(58) 어깨뼈　　　　　　(59) 견(갑)골(肩胛骨)　　(60) 갑골(胛骨)

(61) 죽지뼈　　　　　　(62) 견박골(肩膊骨)　　　(63) 위팔뼈

(64) 상박골(上膊骨)　　　(65) 아래팔뼈　　　　　　(66) 하박골(下膊골)

(67) 손뼈　　　　　　　(68) 수골(手骨)　　　　　(69) 손목뼈

(70) 손바닥뼈　　　　　(71) 손가락뼈　　　　　　(72) 지골(指骨)

(73) 넓적다리뼈　　　　(74) 대퇴골(大腿骨)　　　(75) 비골(髀骨)

(76) 환도뼈   (77) 종지뼈   (78) 슬(개)골

(79) 정강(이)뼈   (80) 학치뼈   (81) 종아리뼈

(82) 발뼈   (83) 족골(足骨)   (84) 발목뼈

(85) 족근골   (86) 부골(跗骨)   (87) 복사뼈

(88) 발바닥뼈   (89) 발가락뼈   (90) 지골(趾骨)

(1) 뼈

[뼈]는 {등뼈동물의 살 속에 싸여 그 몸을 지탱하는 단단한 물건}으로 풀이되면서, 〈뼈〉의 원어휘소의 자리를 차지하는 낱말이다. 『우리말큰사전』(1996)에 따르면 [뼈]는 신체의 한 부분으로서의 뜻풀이 이외에 {건물 따위 구조물의 얼거리}, {어떤 사물의 기본 줄거리나 핵심}, {줏대}로 풀이된다. 여기에서는 신체의 외부적인 부분을 나타내는 뜻풀이를 중심으로 내용을 전개해나가고자 한다.

〈뼈〉 명칭은 [뼈]를 원어휘소로 하면 〈부위〉로 〈부위〉는 〈두개〉, 〈목〉, 〈몸통〉, 〈팔〉, 〈다리〉라는 하위분절구조를 가지고 있다. 〈뼈〉 명칭 분절구조의 기본구조를 도식화하면 [그림 1]이 될 것이다.

[그림 1] 〈뼈〉 명칭 분절의 기본구조

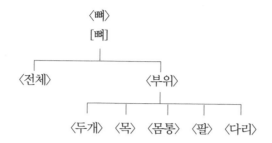

2. 〈두개 : 頭蓋〉 명칭에 반영된 한국인의 세계관

두개골은 설골을 포함하여 15종 23개의 골이 결합된 것으로 두개골은 위쪽에서 두개강(cranial cavity)를 형성하고 뇌를 보호하는 뇌두개골(cranial bones)과 아래쪽에서 안와, 비강 구강 등의 기초가 되는 안면골(facial bones)로 나누어진다. 뇌두개골에는 두정골, 측두골, 전두골, 후두골, 접형골, 사골이 있으며, 안면골에는 비골, 누골 하비갑개, 상악골, 권골, 구개골, 하악골, 서골, 설골이 있다. 강기선 외 4인(2001 : 31) 〈두개 : 頭蓋〉의 분절구조에서 원어휘소의 자리는 [머리뼈]가 차지하고 있다. 〈두개 : 頭蓋〉의 기본구조를 나타내면 [그림 2]와 같다.

[그림 2] 〈두개 : 頭蓋〉의 기본구조

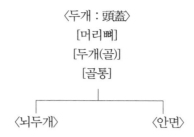

(2) 머리뼈

(3) 두개(골)(頭蓋骨)

(4) 골통

(2)는 {머리를 이루는 뼈}로 풀이되면서 이것은 〈뼈＋두개(頭蓋)〉의 특성을 가진다. 이 단어는 〈두개 : 頭蓋〉의 분절구조에 있어서 원어휘소의 자리를 차지하고 있다. (3)도 (2)와 같이 {머리를 이루는 뼈}로 풀이되면서 (2)와 같은 특성을 가진다. (4)는 {머리를 이루는 뼈}로 풀이되면서 〈뼈＋두개(頭蓋)－낮은말〉의 특성을 가진다. [머리뼈]에 해당하는 한자어로는 [두개 : 頭蓋], [두로 : 頭顱]가 있다.

(5) 골머리뼈

(6) 뇌두개(골)(腦頭蓋骨)

(5)와 (6)은 {골머리뼈}로 풀이되면서 이것은 〈두개(頭蓋)＋뇌두개(腦頭蓋)〉의 특성을 가진다. 골머리뼈, 즉 뇌두개골에는 두정골(頭頂骨), 측두

골(側頭骨), 전두골(前頭골), 후두골(後頭骨), 접형골(蝶形骨), 사골(篩骨)의 6종 8개의 뼈가 관여하고 있는데, [두정골]은 {골통의 중심에 있는 좌우 한 쌍의 납작하고 모가 난 뼈}로 풀이되고, [측두골]은 {옆머리뼈}, [전두골]은 {앞머리뼈}, [후두골]은 {골통의 뒤쪽 아래 부분을 이룬 뼈}로 풀이되며, [접형골]은 {나비뼈}, [사골]은 {콧속과 앞 두개 및 양 눈구멍의 사이벽이 되는 벌집꼴 얇은 물렁뼈}로 풀이된다.

    (7) 누골(漏骨)

    (8) 비골(鼻骨)

    (9) 광대뼈

   안면골에는 누골, 비골, 광대뼈, 입천장뼈, 상악골, 구개골, 하악골, 설골이 관여하고 있다. (7)은 {눈물뼈}로 풀이되면서 〈뼈＋두개＋안면－눈〉의 특성을 가진다. (8)은 {코뼈}로 풀이되면서 〈뼈＋두개＋안면－코〉의 특성을 가진다. [코뼈]에 관계한 〈뼈〉 명칭으로서 {콧마루를 이루는 한 개의 뼈}로 풀이되는 [보습뼈]와 [서골 : 鋤骨]이 있다. (9)는 {뺨 위 눈초리 아래로 내민 뼈}로 풀이되면서 〈뼈＋두개＋안면－뺨〉의 특성을 가진다. 뺨에 관계한 〈뼈〉 명칭으로서 거의 쓰이지 않는 [협골 : 頰骨]이 있으며, {광대뼈}로 풀이되는 [관골]이 있다.

    (10) 입천장뼈

    (11) (구)개골(口蓋骨)

    (12) 설골(舌骨)

(10)과 (11)은 {콧속 뒤쪽 벽에 자리 잡고 있는 한 쌍의 뼈}로 풀이되면서 〈뼈＋두개＋안면－입＋천장〉의 특성을 가진다. (12)는 {혀뼈}로 풀이되면서 〈뼈＋두개＋안면－입＋혀〉의 특성을 가진다.

(13) 턱뼈

(14) 악골(顎骨)

(15) 위턱뼈

(16) 상악골(上顎骨)

(17) 아래턱뼈

(18) 하악골(下顎骨)

(13), (14)는 {턱을 이루는 뼈}로 풀이되면서 〈뼈＋두개＋안면－턱〉의 특성을 가진다. (15), (16)은 {골통뼈의 한 부분으로 입천장을 이룬 한 쌍의 뼈}로 풀이되면서 〈뼈＋두개＋안면－턱＋위〉의 특성을 가진다. (17), (18)은 {아래턱을 이루는 뼈}로 풀이되면서 〈뼈＋두개＋안면－턱＋아래〉의 특성을 가진다.

(19) 이틀

(20) 치골(齒骨)

(21) 치조(골)(齒槽骨)

(19), (20), (21)은 {이가 박혀 있는 위아래의 턱뼈}로 풀이되면서 〈뼈＋두개＋안면－턱＋위아래〉의 특성을 가지고 있다.

(22) 귓속뼈

(22)는 {귀청과 속귀를 연결하는, 관절로 이어진 세 개의 뼈}로 풀이되면서 〈뼈+두개+안면-귀〉의 특성을 가지고 있다. 귓속뼈에는 [등자뼈], [망치뼈], [모루뼈]가 있다. [등(자)뼈]는 [등골(鐙骨)]이라고도 하는데 이 단어는 {가운뎃귀의 세 뼈 가운데 한쪽 끝이 속귀의 벽에 붙어 있으면서 소리를 속귀에 전해주는 등자 모양의 뼈}로 풀이된다. [망치뼈]는 {중이(中耳) 속의 세 청골 중 맨 바깥쪽의 뼈}로 풀이되며, [모루뼈]는 {중이(中耳) 속의 세 청골 중 맨 가운데 뼈}로 풀이된다.

지금까지 〈두개 : 頭蓋〉의 분절구조에 관하여 살펴보았다. 이것을 도식화하면 [그림 3]과 같다.

[그림 3] 〈두개:頭蓋〉의 분절구조

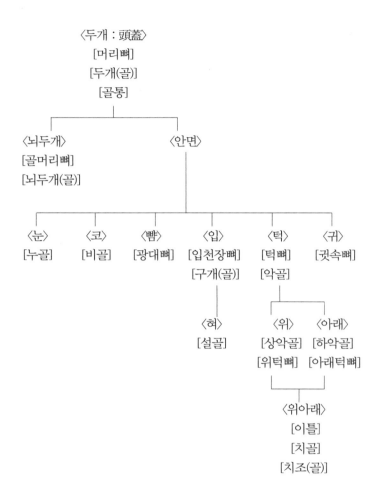

3. 〈목〉의 분절구조

[목뼈]는 [머리뼈]와 [몸통뼈]를 이어주는 것으로, 이 분절은 다른 분절구조에 비하여 비교적 간단한 구조로 나타내어진다. 〈목〉의 분절구조에 대하여 살펴보면 다음과 같다.

(23) 목뼈
(24) 울대뼈

(23)은 {목의 뼈}로 풀이되면서 〈뼈＋목〉의 특성을 가지고 있다. (24)는 {앞 목에 두드러져 나온 뼈}로 풀이되면서 〈뼈＋목－튀어나옴〉의 특성을 가진다. 이와 같은 뜻을 가진 단어이지만 잘 쓰이지 않는 것으로 [결후 : 結喉], [이내골], [후골 : 喉骨]이 있다.

〈목〉의 분절구조를 도식화하면 [그림 4]와 같다.

[그림 4] 〈목〉의 분절구조

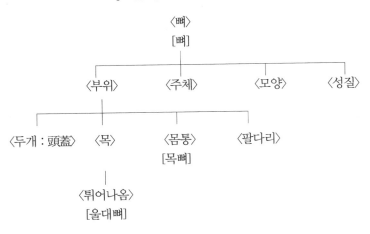

4. 〈몸통〉의 분절구조

〈몸통〉은 크게 〈가슴〉, 〈등〉, 〈골반〉의 하위분절구조를 가지고 있다.

[흉곽 : 胸廓]은 가슴뼈, 가슴등뼈, 갈비뼈들로 이루어진 12쌍의 늑골이 12개의 흉추와 1개의 흉골과 연결됨으로써 바구니 모양의 골격을 형성하고 있는데, 흉강내장(폐, 심장, 기관, 기관지, 식도 등)을 보호하는 동시에 호흡 작용에 관여한다. 〈등〉의 중심을 이루고 있는 뼈대인 [척주 : 脊柱]는 몸통을 이루는 32~35개의 추골(椎骨)과 각 추골 사이의 추간원판으로 이루어졌으며, 체간의 지주를 이루고, 상단의 두개골과 하단의 골반을 연결한다. 추골은 위로부터 7개의 경추, 12개의 흉추, 5개의 요추로 이루어진다. 성인의 경우 5개의 천추(薦椎)가 유합하여 1개의 천골(薦骨)이 되고, 또 3~5개의 미추는 1개의 미골이 된다. 따라서

성인의 척주는 26개의 뼈로 구성되어 있다. [골반]은 좌우의 관골과 후반의 천골 및 미골에 의해 둘러싸인 커다란 그릇 모양의 골격으로 그 내용기관을 보호하는 동시에 체간을 밑에서 받침으로서 양 하지와 함께 체중을 받친다.(강기선 외 4인, 2001 : 54~62)

(25) 몸통뼈
(26) 구간골

(25), (26)은 {몸통을 이루고 있는 뼈대}로 풀이되면서 〈뼈+몸통〉의 특성을 가진다. 이 단어는 〈뼈〉의 하위분절구조를 이루는 〈몸통〉의 분절구조에 있어서 원어휘소의 자리를 차지하고 있다.

(27) 가슴뼈
(28) 흉골(胸骨)
(29) 빗장뼈
(30) 쇄골(鎖骨)
(31) 명치뼈

(27), (28)은 {가슴 한복판에 있어서 좌우 갈빗대와 잇닿은 뼈}로 풀이되면서 〈뼈+몸통-가슴〉의 특성을 가진다. (29)은 {가슴의 위쪽에 있는, 흉골과 견갑골에 잇닿아 있는 'S'꼴로 된 뼈}로 풀이되면서 〈뼈+몸통-가슴+위치-위〉의 특성을 가진다. (30)은 [빗장뼈]와 같은 뜻과 특성을 가진 단어이다. (31)은 {명치에 내민 뼈}로 풀이되면서 〈뼈+몸통-가슴+위치-아래〉의 특성을 가진다. 이와 같은 특성을 가진 단어로

[명문뼈]도 있다.

　　(32) 갈비(뼈)

　　(33) 늑골(肋骨)

　　(34) 진늑골(眞肋骨)

　　(35) 가늑골(假肋骨)

　　(36) 부늑골(浮肋骨)

　　(32)는 {가슴통을 이루는 좌우 각 12개의 구부정한 뼈}로 풀이되면서
〈뼈＋몸통－가슴＋갈비〉의 특성을 가진다. (33)도 (32)와 같은 뜻과 특
성을 가진다. (34)는 {갈비뼈 가운데에 위쪽의 명치뼈에 붙은 좌우 7개
의 뼈}로 풀이되면서 〈뼈＋몸통－가슴＋갈비＋위치－위〉의 특성을 가
진다. [가늑골]은 {갈비뼈 가운데에 명치뼈에 붙지 아니한, 아래쪽 다섯
쌍의 뼈}로 풀이되면서 〈뼈＋몸통－가슴＋갈비＋위치－아래〉의 특성을
가진다. (36)도 (35)와 같은 뜻과 특성을 가진 단어이다.

　　(37) 등골(뼈)

　　(38) 척수(脊髓)

　　(39) 척추(골)(脊椎)

　　(40) 추골(推骨)

　　(37), (38), (39), (40)은 {등뼈동물의 등마루를 이루는 낱낱의 뼈}로 풀
이되면서 〈뼈＋몸통－등〉의 특성을 가진다. 이와 같은 뜻과 특성을 가
지지만 잘 쓰이지 않는 단어로 [부전골], [중축골], [척골]이 있다.

(41) 궁둥이뼈

(42) 무명뼈

(43) 무명골(無名骨)

(44) 엉치등뼈

(45) 엉덩이뼈

　(41), (42), (43)은 {궁둥이를 이룬 한 쌍의 큰 뼈}로 풀이되면서 〈뼈＋몸통−골반〉의 특성을 가진다. 이와 같은 뜻과 특성을 가진 단어이지만 잘 쓰이지 않는 단어로 [관골]이 있다. (44), (45)는 {등골뼈 아래 끝에 있는 세모진 뼈}로 풀이되면서 이것도 위의 단어와 같은 〈뼈＋몸통−골반〉의 특성을 가진다. 이와 같은 뜻을 가진 단어이지만 잘 쓰이지 않는 단어로 [광등뼈], [천골 : 薦骨], [앉음뼈], [좌골 : 坐骨] 이 있다.

(46) 치골

(47) 불두덩뼈

(48) 감춤뼈

　(46), (47), (48)은 {엉덩이뼈의 앞쪽 아래의 가운데에 있는 뼈}로 풀이되면서 〈뼈＋몸통−골반＋위치−앞쪽 아래〉의 특성을 가진다.

(49) 미(추)골(尾椎骨)

(50) 미저골(尾骶骨)

(51) 꽁무니뼈

(52) 꼬리(등)뼈

(49), (50), (51), (52)는 {등마루의 맨 끝에 붙은 뼈}로 풀이되면서
⟨뼈＋몸통－골반＋위치－맨끝⟩의 특성을 가진다.

지금까지 ⟨몸통⟩의 분절구조에 대하여 살펴보았다. 이것을 도식화하
면 [그림 5]와 같다.

[그림 5] ⟨몸통⟩의 분절구조

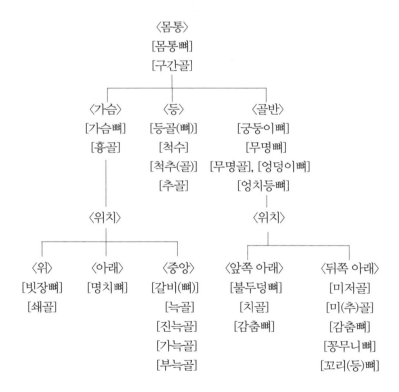

5. 〈팔, 다리〉의 분절구조

　〈팔, 다리〉의 분절구조는 〈두개 : 頭蓋〉, 〈목〉, 〈몸통〉의 분절구조와 함께 〈뼈〉 명칭의 분절구조를 이루는 중요한 한 부분으로, 〈팔, 다리〉에 관한 〈뼈〉 명칭의 분절구조는 다른 분절구조에 비해 더 상세하게 세분화되어 있다. 이러한 점은 신체의 움직임에 있어서 〈팔, 다리〉의 움직임이 그만큼 더 중요하다는 것으로 받아들여질 수 있다. 그러면 이 장의 마지막 분절구조인 〈뼈〉 명칭의 분절구조 중 〈팔, 다리〉의 분절구조에 대하여 살펴보겠다.

　(53) (사)지골(四肢骨)
　(54) 팔뼈
　(55) 다리뼈
　(56) 각골

　(53)은 {두 팔과 두 다리의 뼈}로 풀이되면서 〈뼈＋팔다리〉의 특성을 가진다. (54)는 {팔의 뼈}로 풀이되면서 〈뼈＋팔〉의 특성을 가진다. (55), (56)은 {넓적다리뼈와 정강이뼈로 나뉘는 다리를 이룬 뼈}로 풀이되면서 〈뼈＋다리〉의 특성을 가진다. 이와 같은 뜻과 특성을 가진 단어이지만 잘 쓰이지 않는 단어로 [퇴골 : 腿骨]이 있다.

　(57) 상지골
　(58) 어깨뼈

(59) 견(갑)골(肩胛骨)

(60) 갑골(胛骨)

(61) 죽지뼈

(62) 견박골(肩膊骨)

(57)은 {어깨, 팔, 손을 이루는 모든 뼈}로 풀이되면서 〈뼈＋팔＋어깨＋손〉의 특성을 가진다. (58), (59), (60)은 {어깨의 뼈}로 풀이되면서 〈뼈＋팔＋어깨＋위치－위〉의 특성을 가진다. 사람의 것은 넓적한 세모꼴로, 좌우에 하나씩 있는데, 앞쪽은 위팔뼈와 빗장뼈에 연결되어 관절을 이룬다. (61)과 (62)는 {팔과 어깨가 잇닿은 부분을 이루는 뼈}로 풀이되면서 〈뼈＋팔＋어깨＋위치－죽지〉의 특성을 가진다.

(63) 위팔뼈

(64) 상박골(上膊骨)

(65) 아래팔뼈

(66) 하박골(下膊골)

(63), (64)는 {위팔을 이루는 뼈}로 풀이되면서 〈뼈＋팔＋위치－위〉의 특성을 가진다. 같은 뜻과 특성을 가졌지만, 이에 비하여 잘 쓰이지 않는 단어로 [상완골：上腕骨]이 있다. (65), (66)은 {아래팔을 이루는 뼈}로 풀이되면서 〈뼈＋팔＋위치－아래〉의 특성을 가진다. [아래팔뼈]는 [자뼈]와 [요골]로 되어 있다. 이와 같은 특성을 가졌지만 잘 쓰이지 않는 단어로 [전박골], [전완골]이 있다.

(67) 손뼈

(68) 수골(手骨)

(69) 손목뼈

(70) 손바닥뼈

(71) 손가락뼈

(72) 지골(指骨)

(67)과 (68)은 {손을 이루는 뼈}로 풀이되면서 〈뼈＋팔＋위치－아래＋손〉의 특성을 가진다. 이것은 [손목뼈], [손바닥뼈], [손가락뼈]로 이루어진다. (69)는 {손목을 이루는 여덟 개의 작은 뼈}로 풀이되면서 〈뼈＋팔＋위치－아래＋손－손목〉의 특성을 가진다. 이와 같은 특성을 가지고 있지만 잘 쓰이지 않는 단어로 [완골 : 腕骨]이 있다. (70)는 {손바닥을 이루는 다섯 개의 뼈}로 풀이되면서 〈뼈＋팔＋위치－아래＋손－손바닥〉의 특성을 가진다. 이와 같은 특성을 가지고 있지만 잘 쓰이지 않는 단어로 [장골], [중수골]이 있다. (71)는 {손가락의 줏대를 이룬 열네 개의 뼈}로 풀이되면서 〈뼈＋팔＋위치－아래＋손－손가락〉의 특성을 가진다.

지금까지 〈팔, 다리〉 명칭의 분절구조 중 〈팔〉에 해당하는 분절구조에 대하여 살펴보았다. 이것을 도식화하면 [그림 6]과 같다.

[그림 6] 〈팔, 다리〉의 분절구조 Ⅰ

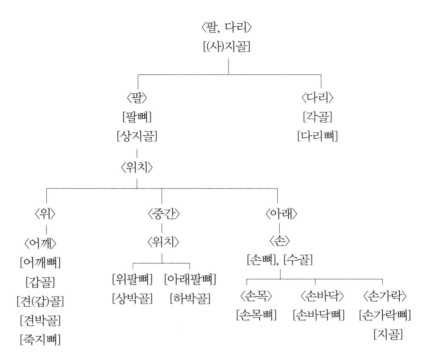

(73) 넓적다리뼈

(74) 대퇴골(大腿骨)

(75) 비골(髀骨)

(76) 환도뼈

  (73), (74), (75), (76)은 {넓적다리의 뼈}로 풀이되면서 〈뼈＋다리＋위치－위〉의 특성을 가진다. [넓적다리뼈]의 머리빼기에 있는 뼈로 [고두리뼈]도 있다.

(77) 종지뼈

(78) 슬(개)골

(79) 정강(이)뼈

(80) 학치뼈

(81) 종아리뼈

　(77), (78)은 {무릎을 덮고 있는 둥글납작한 오도독뼈}로 풀이되면서 〈뼈＋다리＋위치－중간＋무릎〉의 특성을 가진다. (79)는 다리 아랫마디의 앞부분으로 {정강이를 이룬 뼈}로 풀이되면서 〈뼈＋다리＋위치－중간＋정강이〉의 특성을 가진다. 이와 같은 뜻과 특성을 가지지만 잘 쓰이지 않는 단어로 [경골 : 脛骨]이 있다. (80)은 {정강이뼈의 낮은 말}로 풀이되면서 〈뼈＋다리＋위치－중간＋정강이＋낮은말〉의 특성을 가진다. (81)은 {정강이뼈와 나란히 되어 종아리의 바깥쪽에 있는데, 전체가 가늘고 구붓하며, 위 끝은 넓적다리뼈에 붙고, 아래 끝은 복사뼈에 잇닿는 뼈}로 풀이되며, 〈뼈＋다리＋위치－중간＋종아리〉의 특성을 가진다. 이와 같은 뜻과 특성을 가지지만 잘 쓰이지 않는 단어로 [비골], [하퇴골]이 있다.

(82) 발뼈

(83) 족골(足骨)

(84) 발목뼈

(85) 족근골

(86) 부골(跗骨)

(82), (83)은 {발을 이루고 있는 뼈}로 풀이되면서 〈뼈＋다리＋위치－
아래＋발〉의 특성을 가진다. (84), (85), (86)은 {발목을 이룬 뼈}로 풀이
되면서 〈뼈＋다리＋위치－아래＋발－발목〉의 특성을 가진다.

(87) 복사뼈
(88) 발바닥뼈
(89) 발가락뼈
(90) 지골(趾骨)

(87)은 {발 회목의 위로 안팎 쪽이 도도록하게 내민 뼈}로 풀이되면서
〈뼈＋다리＋위치－아래＋발－발목＋튀어나옴〉의 특성을 가진다. 이
와 같은 뜻을 가진 단어이지만 잘 쓰이지 않는 단어로 [거골 : 距骨], [과
골 : 踝骨], [내과 : 內踝]가 있다. (88)은 {발바닥을 이루는 납작한 뼈}로
풀이되면서 〈뼈＋다리＋위치－아래＋발－발바닥〉의 특성을 가진다. 이
와 같은 뜻을 가진 단어이지만 잘 쓰이지 않는 단어로 [족장골 : 足掌骨]
이 있다. (89)와 (90)은 {발가락을 이루고 있는 뼈}로 풀이되면서 〈뼈＋
다리＋위치－아래＋발－발가락〉의 특성을 가진다.

지금까지 〈팔, 다리〉 명칭의 분절구조 중 〈다리〉에 해당하는 분절구
조에 대하여 살펴보았다. 이것을 도식화하면 [그림 7]과 같다.

[그림 7] 〈팔, 다리〉의 분절구조 Ⅱ

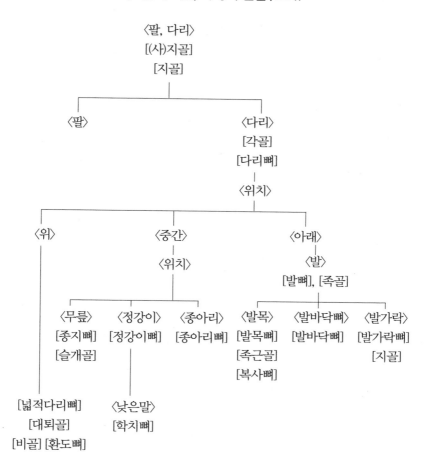

이 연구는 현대국어에 있어서 〈뼈〉 명칭 분절의 구조를 해명하기 위하여 시도된 것인데, 이것은 〈신체〉 명칭 분절구조를 해명하는 전제 작업을 가진다. 〈신체〉는 〈머리〉, 〈몸통〉, 〈팔다리〉로 이루어지는 〈외부〉와 〈골격〉, 〈근육〉, 〈내장〉, 〈호흡기〉, 〈순환기〉, 〈신경〉, 〈감각〉으로 이루어지는 〈내부〉의 분절구조를 가지고 있는데, 〈뼈〉 명칭의 분절구조는 〈내부〉 구조 중 〈골격〉에 해당하는 것이라 할 수 있다. 〈뼈〉 명칭의 분절구조는 크게 〈부위〉와 〈모양〉, 〈성질〉, 〈주체〉라는 메타언어로 하위분절되는 특징을 가지고 있는데 그중 〈부위〉에 해당하는 부분의 분절구조에 대하여 귀납된 사실을 바탕으로 요약하여 정리하면 다음과 같다.

〈뼈〉의 분절구조 중 〈부위〉에 해당하는 부분은 뇌두개골과 안면골을 포함하는 〈두개 : 頭蓋〉, 〈목〉, 〈몸통〉, 〈팔〉, 〈다리〉로 나누어지는 하위분절구조를 보이고 있다.

① 〈뼈〉 명칭 분절구조에서는 토박이말 [뼈]과, 한자말 [골 : 骨], [심 : 心]이 한자조성어에 관여하고 있다. 이 분절에서는 [뼈]가 원어휘소의 자리를 차지하고 있다.

② 이 분절은 일차적으로 〈두개 : 頭蓋〉, 〈목〉, 〈몸통〉, 〈팔다리〉로 하위분절되어 있는데, 〈뼈〉 명칭의 분절구조는 〈신체〉 각각의 외부 분절구조와 비교하여 볼 때 공통되는 점도 있지만 더 간략화된 분절구조를 가지고 있다.

③ 〈두개 : 頭蓋〉 분절구조에서는 〈뇌두개 : 腦頭蓋〉와 〈안면〉으로 하위분절되며, 〈안면〉 분절구조에서 는 〈눈〉, 〈코〉, 〈뺨〉, 〈입〉, 〈턱〉,

〈귀〉라는 메타언어가 관여하고 있다.

④ 〈목〉 분절구조는 다른 분절구조에 비하여 비교적 간단한 유형을 가지고 있다. 다른 하위 분절구조 없이 [목뼈]와 [울대뼈]라는 단어가 관여하고 있다.

⑤ 〈몸통〉 분절구조는 〈가슴〉, 〈등〉, 〈골반〉으로 하위분절되는데, 〈가슴〉 분절구조는 위치에 따라 다시 〈위〉, 〈아래〉, 〈중앙〉으로 나누어진다. 〈골반〉 분절구조도 〈위치〉에 따라 〈앞쪽 아래〉와 〈뒤쪽 아래〉로 나누어진다.

⑥ 〈팔, 다리〉의 분절구조는 크게 〈팔〉과 〈다리〉로 하위분절되고 〈팔〉의 분절구조는 다시 〈위치〉에 따라 〈위〉와 〈중간〉, 〈아래〉로 하위분절된다. 〈다리〉의 분절구조도 〈팔〉의 분절구조와 같이 〈위치〉에 따라 〈위〉와 〈중간〉, 〈아래〉로 하위분절된다.

제1장 남북한의 맞춤법

1. 사료

고영근 편, 『북한의 말과 글』, 서울 : 을유문화사, 1989.

국어사정위원회, 『조선말 규범집』, 평양 : 사회과학원출판사, 1966.6.

기세관·최호철, 「남북한 통일·맞춤법을 위하여」, 『언어학』 16, 1994.

全東基, 「우리나라 語文 政策의 座標」, 『국어생활』 6, 국어연구소, 1986.

金敏洙, 「北韓의 言語政策」, 『亞細亞研究』 XV-4, 1972.

金敏洙, 『국어정책론』, 서울 : 高麗大學校 出版部, 1973.

金敏洙, 『北韓의 國語研究』, 서울 : 고려대학교 출판부, 1985.

金敏洙, 「國語表記法論爭史」, 『국어생활』 9, 국어연구소, 1987.

金敏洙, 「겹받침의 發音과 表記에 대하여」, 『順天鄕語文論集』 創刊號, 順天鄕語文學研究會, 1992.

김민수, 「민족통일과 남북의 언어 격차」, 『島山學術論叢』 2. 島山아카데미研究院, 1992.

金敏洙, 「南北의 言語政策과 國語敎育」, 『語文研究』 85, 韓國語文敎育研究會, 1995.

金敏洙, 「남북한 언어의 차이(1)」, 『새국어생활』 5-2, 국립국어연구원, 1995.

金敏洙, 「남북한 언어의 차이(2)」, 『새국어생활』 5-3, 국립국어연구원, 1995.

金敏洙, 「남북한 언어의 차이(3)」, 『새국어생활』 5-4, 국립국어연구원, 1995.

金敏洙, 「남북한 언어의 차이(4)」, 『새국어생활』 6-1, 국립국어연구원, 1996.

金敏洙, 「한자어 정책의 문제와 전환의 방향」, 『새국어생활』 7-1, 국립국어연구원,

1997.

김민수, 「민족어의 장래」, 『국어학』 31, 국어학회, 1998.

김민수, 「민족어의 통일문제」, 『강남대학교 인문과학논집』 6, 1998.

김민수 外, 「통일에 대비하는 국어교육」, 『교육월보』 154, 1994.

김민수 외 3인, 『금성판 국어대사전』, 금성출판사, 1997.

金敏洙 編, 『북한의 조선어 연구사 : 1945~1990』(1-4), 서울 : 녹진, 1991.

김민수 편, 『김정일 시대의 북한 언어』, 태학사, 1997.

김상태, 『문체의 이론과 해석』, 새문사, 1982.

김원경, 「북한의 철자법사」, 『북한의 조선어 연구사』, 서울 : 도서출판 녹진, 1991.

김응모 · 최호철 편, 『통일대비 남북한의 이해』, 서울 : 세종출판사, 1999.

김일성종합대학출판사 편, 『문화어문법규범』(초고), 평양 : 김일성종합대학출판사,
          1972.12.

남성우 · 정재영, 『북한의 언어생활』, 서울 : 고려원, 1990.

박재수, 『조선민주주의인민공화국의 언어학에 대한 연구』, 평양 : 사회과학원,
          1999.

북한언어연구회, 『북한의 어학혁명』, 서울 : 도서출판 白衣, 1989

사회과학원 언어학연구소, 『〈조선말 규범집〉 해설』, 평양 : 사회과학출판사,
          1971.10.

申昌淳, 『國語正書法研究』, 서울 : 집문당, 1992.

원응국, 「조선말규범은 우리글을 빨리 읽고 쉽게 리해하게 발전하였다」, 『문화어학
          습』 182호, 평양 : 과학백과사전종합출판사, 1970.7.

이석주, 「남북한의 표기법과 국어교육」, 『교육월보』 154, 1994.

이예리자, 「규범을 함부로 바꾸려는 자세를 바꿔야 한다」, 『한글새소식』 188, 한글
          학회, 1988.

이현복, 『한글맞춤법의 재사정에 따르는 문제점』, 『한글』 162. 한글학회, 1979.

이현복 · 임홍빈 외 2인, 『한글맞춤법 무엇이 문제인가』, 태학사, 1997.

이희승 · 안병희, 『한글맞춤법 강의』, 서울 : 신구문화사, 1989.

장은하, 「남북한 맞춤법의 분화와 통일」, 김민수, 『남북의 언어 어떻게 통일할 것인

가』, 서울 : 국학자료원, 2002.

자하어문학회, 『북한의 조선어학』, 서울 : 한신문화사, 1990

전수태 · 최호철, 『남북한 언어 비교』, 서울 : 녹진, 1989.

정도복, 『남북한 국어정책의 비교 연구』, 조선대학교 박사학위 논문, 1990.

정동환, 「이제 막 뿌리내리려는 나무를 뒤흔드는 마음보는 무엇인가」, 『한글새소식』 188, 한글학회, 1988.

정재도, 「맞춤법 · 표준말 규정 · 발음법 : 문교부 규정들의 문제점」, 『한글새소식』 188, 한글학회, 1988.

丁濬燮, 「한글 맞춤법 개정 배경과 운용방향」, 『말과글』 34, 1988.

조선민주주의인민공화국 국어사정위원회, 『조선말 규범집』, 평양 : 사회과학출판사, 1988.

조선어학회, 『한글 맞춤법 통일안』, 과학원 조선어 및 조선문학연구소, 1933 ; 『조선어 철자법』, 평양 : 과학원출판사. 1954.9.

최기호, 「표준어 규정 개정안의 문제점」, 『한글새소식』 179, 1987.

최정후, 『주체적 언어이론 연구』, 평양 : 사회과학원, 1999.

최호철, 「북한의 맞춤법」, 『국어생활』 15, 국어연구소, 1988.

한글학회, 「북한의 언어학 연구」, 『한글』 213, 1991.

한글학회, 『우리말 큰사전』, 서울 : 어문각, 1997.

한길 외 101인, 「국어연구소의 한글맞춤법 개정안(1987)에 대한 의견서」, 『한글새소식』 188, 한글학회, 1988.

허웅, 「문교부에서 확정 · 발표한 『한글맞춤법과 표준어 규정을 보고」, 『한글새소식』 188, 한글학회, 1988.

『남북한 언어차이 조사』(I. 발음 맞춤법 편, II. 고유어 편), 국어연구소, 1989.

『남북한 언어차이 조사』(III. 한자어 · 외래어 편), 국어연구소, 1990

『조선문화어문법규범』, 김일성종합대학출판사, 1977.

『한글 맞춤법 통일안』(1933~1980), 한글학회, 1989.

2. 저서 및 논문

강진철, 『문화어 소리마루의 특성』, 『문화어학습』 173. 평양 : 과학백과사전종합출판사, 1993. 4.

곽순재, 『맞춤법을 어떻게 지도할 것인가』, 『문화어학습』 174. 평양 : 과학백과사전종합출판사, 1993. 7.

김수길, 『말소리의 고유한 음색』, 『문화어학습』 173. 평양 : 과학백과사전종합출판사, 1993. 4.

김용환, 『소리 빠지기와 관련한 발음현상을 어떻게 가르칠 것인가』, 『문화어학습』 169. 평양 : 과학백과사전종합출판사, 1992. 4.

김윤교, 『입천장소리되기와 관련한 발음지도』, 『문화어학습』 169. 평양 : 과학백과사전종합출판사, 1992. 4.

김철호, 『통합의 구성과 발음에 대하여』, 『문화어학습』 179. 평양 : 과학백과사전종합출판사, 1994. 10.

김혜영, 『우리 말 된소리의 특성』, 『문화어학습』 179, 평양 : 과학백과사전종합출판사, 1994. 10.

리근용, 『입천장소리와 사투리적발음현상』, 『문화어학습』 172. 평양 : 과학백과사전종합출판사, 1993. 1.

리기원, 『남조선괴뢰도당의 『한자병용정책』을 론함』, 『조선어문』 114. 평양 : 과학백과사전종합출판사, 1999. 5.

리현기, 『예술공연소개자의 목소리와 발음』, 『문화어학습』 161. 평양 : 과학백과사전종합출판사, 1990. 4.

림룡남, 『된소리발음에 대한 생각』, 『문화어학습』 163. 평양 : 과학백과사전종합출판사, 1990. 10.

박재규, 『읽기와 쓰기가 다른 단어의 맞춤법』, 『문화어학습』 180, 평양 : 과학백과사전종합출판사, 1995. 1.

서용국, 『특이하게 발음되는 한자 어휘들』, 『문화어학습』 182. 평양 : 과학백과사전종합출판사, 1995. 7.

어창수, 『된소리되기와 그의 발음』, 문화어학습 160. 평양 : 과학백과사전종합출판사, 1990. 1.

정용호, 『(「조선말 규범집」 해설) 맞춤법 총칙』, 『문화어학습』 187, 평양 : 과학백과사전종합출판사, 1996. 10.

정용호, 『(「조선말 규범집」 해설) 맞춤법』, 『문화어학습』 188. 평양 : 과학백과사전종합출판사, 1997. 1.

정용호, 『(「조선말 규범집」 해설) 맞춤법(3)』, 『문화어학습』 189, 평양 : 과학백과사전종합출판사, 1997. 4.

정용호, 『(「조선말 규범집」 해설) 맞춤법(4)』, 『문화어학습』 190, 평양 : 과학백과사전종합출판사, 1997. 10.

정용호, 『「조선말 규범집」 해설) 맞춤법』, 『문화어학습』 188. 평정, 1997. 1.

정용호, 『(「조선말 규범집」 해설) 맞춤법(3)』, 『문화어학습』 189, 평양 : 과학백과사전종합출판사, 1997. 4.

정용호, 『(「조선말 규범집」 해설) 맞춤법(4)』, 『문화어학습』 190, 평양 : 과학백과사전종합출판사, 1997. 10.

조혜련, 『거센소리되기와 발음지도』, 『문화어학습』 179, 평양 : 과학백과사전종합출판사, 1994. 10.

편집위원회, 『모음뒤에 놓인 〈렬〉과 〈률〉의 발음』, 『문화어학습』 162. 평양 : 과학백과사전종합출판사, 1990. 7.

황규본, 『어린 학생들의 발음에 대한 지도방법 몇 가지(경험)』, 『문화어학습』 179, 평양 : 과학백과사전종합출판사, 1994. 10.

제2장 북한의 언어예절

강상호, 「입말체의 본질과 일반적 특성에 대하여」, 『조선어문』, 1990년 3호(루계 79호), 22-25(7, 8, 9), 1990. 7b.

강진철, 「문화어 소리마루의 특성」, 『문화어학습』 2호(루계 173호), 54-55(3, 8), 1993. 4.

강창조, 「친애하는 지도자 김정일 동지께서 밝혀주신 언어발전의 시대적 및 사회적 요인에 관한 독창적리론」, 『문화어학습』 1994년 4호(루계 179호), 8-10(2, 8), 1994. 10.

강창조, 「위대한 령도자 김정일 동지께서 밝히신 언어를 민족문제와 밀접히 련관된 정치적문제로 보고 다를 데 대한 독창적인 리론」, 『조선어문』 1995년 4호(루계 100호), 5-9(2, 8), 1995. 11.

고신숙, 「문장의 어울림의 본질」, 『조선어문』 1990년 3호(루계 79호), 18-21(8), 1990. 7.

권승모, 「사회주의적 생활 양식에 맞게 언어생활을 개선하기 위한 몇가지 방도」, 『조선어문』 1990년 1호(루계 77호), 21-25(2, 8), 1990. 1.

권승모, 「친애하는 지도자 김정일 동지께서 밝히신 언어의 사회적 기능에 관한 독창적인 리론」, 『조선어문』, 1994년 4호(루계 96호), 25-29(2, 8), 1994. 11.

김갑준, 「위대한 수령 김일성 동지께서 항일혁명투쟁시기에 이룩하신 주체의 혁명적 언어 전통」, 『문화어학습』 1990년 3호(루계 162호), 3-5(6, 8), 1990. 7.

김관원, 「인간의 풍모와 언어」, 『문화어학습』 1993년 1호(루계 172호), 45-46(8), 1993. 1.

김동백, 「설날과 인사말」, 『문화어학습』 1990년 1호(루계 16호), 1990. 1.

김범주, 「환경언어학에 대한 이해」, 『조선어문』 1994년 3호(루계 95호), 41-44(8), 1994. 8.

김봉환, 「위대한 수령 김일성 동지께서 밝혀주신 언어의 본질과 기능에 관한 주체적리론」, 『문화어학습』 1994년 1호(루계 176호), 6-8(2, 8), 1994. 1.

김선규, 「언어의식과 그것이 언어생활에서 노는 역할」, 『조선어문』 1993년 3호(루계 91호), 32-34(8), 1993.7.

김성희, 「친애하는 지도자 김정일 동지께서 밝히신 언어생활에서 문화성을 높일 데 대한 리론」, 『조선어문』 1992년 1호 (루계 93호), 31-34(2), 1994.2.

김순국, 「토 '요'와 언어례절」, 『문화어학습』 1990년 4호(루계 163호), 44-45(8), 1990. 10.

김영걸, 「로인들에 대한 언어례절」, 『문화어학습』 1993년 4호(루계 175호), 46-47(8), 1993.10.

김영일, 「언어에 반영되는 사람의 주관적 측면들에 대한 고찰」, 『조선어문』 1994년 2호(루계 94호), 25-28(8), 1994.5.

김영제, 「언어학에서 주체를 철저히 세워 언어연구 사업에서 새로운 혁신을 이룩하자」, 『조선어문』 1990년 2호(루계 78호), 2-4(2, 8), 1990. 4.

김옥희, 「같은 말도 쓰기 탓」, 『문화어학습』 2호(루계 171호), 38-39(8), 1992.10.

김용구, 「위대한 령도자 김정일 동지께서 밝히신 사회주의적 민족어 건설에서 견지하여야 할 근본원칙에 관한 주체의 언어리론」, 『문화어학습』 1995년 1호(루계 184호), 8-9(2, 8), 1996. 1.

김일성, 「조국통일을 위한 전민족대단결 10대 강령」, 『문화어학습』 1993년 3호(루계 174호), 3-4(2,8), 1993.7.

김정일, 「주체문학론. 발취」, 『문화어학습』 1993년 2호(루계 173호), 3-8(2,8), 1993.4.

김정일, 「조선어의 주체적발전의 길을 밝혀준 강령적 지침 - 김일성종합대학 학생들과 한 담화 1964년 1월 6일」, 『문화어학습』 1994년 1호(루계 176호), 3-5(2, 8), 1994.1.

김정일, 「조선어의 주체적발전의 길을 밝혀준 강령적 지침 - 김일성종합대학 학생들과 한 담화 1964년 1월 6일」, 『조선어문』 1994년 1호(루계 93호), 2-4(2, 8), 1994.2.

김정일, 「언어와 민족문제 - 김일성종합대학에서 학생들과 한 담화, 1964년 2월 20일」, 『문화어학습』 1995년 2호(루계 181호), 3-4(2, 8), 1995. 4.

김정일, 「언어생활에서 문화성을 높이자」, 『문화어학습』 1995년 4호(루계 183호), 3-4(2, 6, 8), 1995. 10.

김정휘, 「경애하는 수령 김일성 동지의 문풍은 우리 시대 인민대중이 요구하는 통석적 문풍의 최고귀감」, 『문화어학습』 1992년 2호(루계 169호), 14-16(8), 1992. 4.

김해일, 「친애하는 지도자 김정일 동지께서 밝히신 위대한 수령님의 혁명적 문풍을 구현하는데서 견지하여야 할 원칙과 방도에 관한 사상」, 『문화어학습』 1990년 1호(루계 160호), 30- 31(7), 1990. 1.

렴종률, 「언어발전의 동력에 대한 주체적 리해」, 『조선어문』, 1995년 1호(루계 97호), 30-33(2,8), 1995. 2.

리갑제, 「인민 대중 중심의 우리식 사회주의는 언어의 주체적 발전의 믿음직한 담보」, 『문화어학습』 1991년 4호(루계 167호), 3-5(2, 8), 1991. 10.

리현빈, 「사회언어학이란 무엇인가」, 『문화어학습』 1994년 4호 (루계 179호). 58(8), 1994. 10.

문영호, 「주체의 언어리론이 밝힌 고유어의 본질과 언어적 기능」, 『조선어문』 1993년 3호(루계 91호), 27-31(8), 1993.7.

박상훈, 「우리말의 우수성을 옳게 살려 나가기 위해서」, 『문화어학습』, 1991년 2호(루계 165호), 18-20(3, 8), 1991. 4.

박수영, 「민족어발전의 터를 닦는 것은 언어발전의 합법칙적 요구」, 『문화어학습』, 1991년 2호(루계 165호), 21-23(2, 8), 1991. 4a.

박수영, 「언어생활에서 주체를 세울 데 대한 당의 방침을 관철하기 위하여」, 『조선어문』 1991년 2호(루계 82호), 2-5(2, 8), 1991. 4b.

박수영, 「인민의 위대한 수령과 인민언어의 빛나는 본보기」, 『문화어학습』 1993년 1호(루계 172호), 6-8(6, 8), 1993.1.

박수영, 「당의 령도는 언어혁명의 성과적 수행을 위한 확고한 담보」, 『문화어학습』 1995년 1호(루계 180호), 3-5(2,8), 1995. 1.

박수영, 「사회주의도덕의 도구에 맞게 언어생활을 더욱 개선 발전시켜야 한다」, 『문화어학습』 1995년 4호(루계 183호), 18-19(2, 8), 1995. 10.

박수영, 「당의 현명한 령도 밑에 우리 언어학이 걸어온 자랑찬 50년」, 『조선어문』 1995년 4호(루계 100호), 15-19(8), 1995. 11a.

박수영, 「당의 현명한 령도 밑에 우리나라 문학예술이 걸어온 자랑찬 50년」, 『조선어문』 1995년 4호(루계 100호), 15-19(8), 1995. 11b.

박수영, 「언어학에서 주체를 세우기 위한 강령적 지침」, 『문화어학습』 1996년 2호 (루계 185호), 5-7(2, 8), 1996. 4.

손창선, 「다양하고 풍부한 우리말 토」, 『문화어학습』, 1991년 3호(루계 166호), 55-59(8), 1991. 7.

심병호, 「언어생활에서 언어규범의 요구에 맞게 하는데서 중요한 몇 가지」, 『문화어학습』 1995년 3호(루계 182호), 51(8), 1995. 7.

심인현, 「계칭 형태의 류형화에서 나서는 몇 가지 문제」, 『조선어문』 1990년 4호(루계 80호), 30-33(8), 1990. 10.

심인현, 「인격과 언어」, 『문화어학습』 1994년 1호(루계 180호), 51-52(8), 1995. 1.

안광호, 「구호문헌에 반영된 인민적 언어표현의 빛나는 모범」, 『문화어학습』, 1990년 1호(루계 160호) (8), 1990. 1.

안홍길, 「우리 말 토의 결합적 특성을 잘 알고 바로 쓰도록 하려면」, 『문화어학습』 1991년 2호(루제 165호), 39-40(8-9), 1991. 4.

오정식, 「직장에서의 인사말」, 『문화어학습』 1993년 4호(루계 175호), 48(8), 1993.10.

오평한, 「언어생활에서의 주체 확립에 대하여」, 『조선어문』 4호(루계 96호), 30-33(2,8), 1994. 11.

윤영호, 「하나의 어휘를 알아도 똑바로 알도록」, 『문화어학습』 1995년 1호(루계 180호), 43(9), 1995. 1.

장은하, 「북한의 언어예절」, 김민수, 『김정일 시대의 북한언어』, 태학사, 1997.

정순기, 「언어의 민족적 특성을 옳게 살리는 것은 민족어 발전의 합법칙적 요구」, 『문화어학습』 1991년 2호(루계 165호), 10-12(8), 1991. 4.

정순기, 「조선민족어발전의 대강을 밝혀주시어」, 『문화어학습』 1992년 2호(루계 169호), 11-13(2,8), 1992. 4a.

정순기, 「위대한 수령 김일성 동지는 민족어발전의 빛나는 전성기를 마련해주신 우리 민족의 자애로운 어버이이시다」, 『조선어문』, 1992년 3호(루계 86호), 2-5(2), 1992. 4b.

정순기, 「친애하는 지도자 김정일 동지께서 창시하신 독창적인 언어생활 리론은 주체시대의 요구에 맞게 언어생활을 개선 발전시키기 위한 위대한 강령적 지침」, 『문화어학습』 1993년 1호 9루계 172호), 9-11(2, 8), 1993.1.

정순기, 「위대한 수령 김일성동지의 주체적 언어사상은 영생불멸할 것이다」, 『문화어학습』 1994년 3호(루계 178호), 3-5(2, 8), 1994.7.

정순기, 「위대한 령도자 김정일 동지께서 주체적 언어사상을 심화발전 시키신 불멸의 사상리론적 업적」, 『조선어문』 1995년 1호(루계 97호), 2-5(2,8), 1995. 2.

최정후, 「위대한 수령 김일성동지께서 언어리론 발전에서 이룩하신 불멸의 업적은 길이 빛날 것이다」, 『조선어문』 1994년 3호(루계 95호), 2-4(2,8), 1994. 8.

최정후, 「위대한 령도자 김정일 동지께서 밝히신 언어의 본질과 기능에 관한 리론」, 『문화어학습』 1996년 2호(루계 185호), 16-18(2, 8), 1996. 4.

최정후, 「위대한 수령 김일성동지의 불후의 고전적 로작 〈조선어의 민족적 특성을 옳게 살려 나갈 데 대하여〉는 우리 시대의 민족어문제해결에서 새로운 전환을 가져오게 한 강령적 문헌」, 『조선어문』 1996년 2호(루계 102호), 2-5(2, 6, 8), 1996. 5. 최창현, 「친애하는 지도자 김일성 동지께서 밝히신 새말창조에서 나서는 원칙적 요구에 관한 이론」, 『조선어문』 1991년 1호(루계 81호), 2-5(2, 6, 8), 1991. 1.

한선희, 「청년과 언어례절」, 『문화어학습』 1992년 2호(루계 169호).50(8), 1992.4.

한춘옥, 「어머니당의 은혜로움을 노래한 가사와 대구법」, 『문화어학습』 1993년 1호(루계 172호), 16-17, 1993.1.

제3장 현대국어 문장의 문체 연구

1. 사료

1) 신문

『동아일보』, 1960. 7. 1.

『동아일보』, 1970 4. 30.

『동아일보』, 2001. 3. 2.

『동아일보』, 2002. 6. 12.

『동아일보』, 2005. 6. 12.

『동아일보』, 2008. 8. 5.

『동아일보』, 2010. 3. 26.

『동아일보』, 2013. 10. 2.

『동아일보』, 2016. 3. 10.

『동아일보』, 2017. 8. 5.

『동아일보』, 2017. 3. 9.

『동아일보』, 2017. 3. 11.

『자유신문』, 1949. 9. 4.

『자유신문』, 1949. 10. 18.

『조선일보』, 1966 2. 11.

『조선일보』, 2003. 6. 6.

『조선일보』, 2009. 8. 5.

『한겨레』, 2017. 3. 20.

『조선일보』, 2017. 3. 30.

2) 잡지

『매경이코노미』, 2016. 9. 1876호.

『매경이코노미』, 2016. 3. 1877호.

『매경이코노미』, 2017. 3. 29. 1901호

『무궁화』1권 1호. 1965. 12.

『民聲』, 1946.

『史話·野談』, 1946. 12(第一集)

『삼천리』, 1948.

『시사저널』, 2017. 4. 1432호

『신동아』, 1968. 11.

『신동아』, 1974. 1.

『신동아』, 1981.3.

『신동아』, 1985. 12.

『신동아』, 1990. 6.

『신동아』, 1994. 8.

『신동아』, 1998. 11.

『신동아』, 2017. 4.

『신소녀』, 1946. 2.

『新朝鮮』, 노농사. 1947. 5.

『어린이』, 1948.

『여학생』, 1946. 1.

『여학원』, 學生社. 1946. 1.(創刊號)

『월간조선』, 1998. 12.

『월간중앙』, 1998. 8.

『월간중앙』, 1999. 7.

『월간중앙』, 1999. 10.

3) 소설

박완서, 『너무도 쓸쓸한 당신』, 창비, 2004.

신경숙, 『외딴방』, 문학동네, 1995.

심윤경, 『이현의 연애』, 문학동네, 2006.

정채봉, 『초승달과 밤배』, 한국예술사, 1987.

하창수, 「눈」, 『현장비평가가 뽑은 올해의 좋은 소설』, 현대문학, 1993.

한강, 『채식주의자』, 창비, 2016.

2. 저서 및 논문

김상태, 『문체의 이론과 해석』, 새문사, 1982.

김창진, 「개화기문학의 문체론적 연구」, 경희대학교 대학원 박사학위 논문, 1985.

김형철, 「갑오경장기의 문체」, 『새국어생활』, 1994.

김형철, 『개화기 국어연구』, 경남대학교 출판부, 1997.

김흥수, 「국어 문체의 통사적 양상에 대한 연구」, 『한국언어문학』 31, 1993.

민현식, 「개화기 국어 문체 연구」, 『국어국문학』 111, 1994.

민현식, 「개화기 국어 문체에 대한 종합적 연구」(1) (2), 『국어교육』 83-85. 1994.

박갑수, 『국어문체론』, 대한교과서(주), 1995.

박갑수, 『일반국어의 문체와 표현』, 집문당, 1998.

박영섭, 『開化期 國語 語彙 資料集 1(獨立新聞篇)』, 서광학술자료사, 1994.

박영섭, 『開化期 國語 語彙 資料集 2(新小說篇)』, 서광학술자료사, 1994.

박영섭, 『開化期 國語 語彙 資料集4(雜誌篇)』, 박이정, 1997.

배해수, 『한국어와 동적언어이론』(국어내용연구 4), 고려대학교 출판부, 1998.

심재기, 「개화기의 교과서 문체에 대하여」, 『국어국문학』 107, 1992.

심재기, 『국어문체변천사』, 집문당, 1999.

유문수, 「어휘상으로 본 한국 개화기 문장의 문체론적 연구」, 고려대학교 교육대학원 석사학위 논문, 1975.

윤장근, 「한국 신문장의 형성 및 그 변천에 관한 연구」, 고려대학교 교육대학원 석사학위 논문, 1967.

이병근, 「개화기의 어문정책과 표기법 연구」, 『국어생활』 4, 1986.

이인모, 『文體論』, 二友出版社, 1960.

이재선 · 김학동 · 박종철, 『개화기문학론』, 형설출판사, 1994.

이청원, 「언문일치 운동의 재검토」, 『한국언어문학』 20, 1981.

임지룡, 『국어의미론』, 탑출판사, 1993.

장경현, 『국어문장 종결부의 문체』, 역락출판사, 2010.

장소원, 「문법연구와 문어체」, 『한국학보』 43. 1986.

장은하, 「개화기 시대 이후 문장의 문체변화」, 홍종선 외, 『현대국어의 형성과 변천
　　　3』, 박이정, 2003.

장은하, 「현대국어 문장의 문체 연구」, 『우리어문연구』 58집, 우리어문학회, 2017

정길남, 「국역성서의 표현구조 연구」, 『한글』 211. 1991.

정길남, 『19세기 성서의 우리말 연구』, 서광학술자료사. 1991.

정길남, 『성서의 우리말 연구』, 서광학술자료사, 1994.

정현숙, 『한국현대문학의 문체와 언어』, 푸른사상사, 2005.

정해성, 『문체연구방법의 이론과 실제』, 푸른사상사, 2012.

조규태, 「일제시대의 국한혼용문 연구」, 『배달말』 17. 1992.

표성수, 「한글 성서문체의 형성 및 변천 과정에 관한 소고」, 고려대학교 교육대학원
　　　석사학위 논문, 1971.

홍종선, 「개화기 교과서의 문장과 종결어미」, 『한국학연구』 6, 고려대 한국학연구
　　　소, 1994.

홍종선, 「개화기 시대 문장의 문체연구」, 『국어국문학회』 117호. 1996.

『현대어성경』, 성서교재간행사, 1991.

제4장 『한중록』의 어휘와 신체 관련 관용어에 대한 연구

김민수 외, 『금성판 국어대사전』, 금성출판사, 1996.

김재영, 『성능중심 어휘론』, 국학자료원, 1996.

박영순, 『한국어 의미론』, 고려대학교 출판부, 1994.

박영순, 『한국어 은유 연구』, 고려대학교 출판부, 2007.

배해수, 「동적언어이론의 이해」, 『한국어내용론』 제3호, 한국어내용학회, 국학자료 원, 1995.

배해수, 『한국어와 동적언어이론』, 고려대학교 출판부, 1998

배해수, 「시점 〈전후〉 명칭에 대한 고찰」, 『한글』 240 · 241, 한글학회, 1998

심지연, 「국어 관용어의 인지의미론적 연구」, 고려대학교 박사학위 논문, 2009.

이동혁, 「국어 연어관계 연구」, 고려대학교 박사학위 논문, 2004.

이익환, 『의미론개론』, 한신문화사, 1995

이종열, 「국어 비유적 의미의 인지과정에 대한 연구」, 경북대학교 대학원 박사학위 논문, 2002.

임지룡, 『인지의미론』, 탑출판사, 1997.

임지룡, 「어휘대립의 중화현상」, 『국어교육연구』 19, 1987.

장은하, 「〈손부위〉 명칭에 대한 고찰」, 고려대학교 석사학위 논문, 1998.

장은하, 「현대국어의 〈신체〉 명칭 분절구조에 대한 연구」, 고려대학교 박사학위논 문, 2004.

장은하, 「『한중록』에 나타난 혜경궁 홍씨의 어휘특징」, 설중환 외, 『고전서사 캐릭터 열전』, 월인, 2013.

정시호, 『어휘장이론 연구』, 경북대학교 출판부, 1994.

한글학회, 『우리말 큰사전』, 어문각, 1992.

혜경궁 홍씨, 『한중록』, 정병설 역, 문학동네, 2010.

혜경궁 홍씨, 『한중록』, 정은임 교주, 이회, 2008.

Aristole, *Poetics*, Traslated by John Warrington in Aristotle' Poetics and Rehtoric, J.M. Dent and Sont Ltd, London, 1963.

Coseriu, E., "Lexikalische Solidaritäten", *Poetica*, 1, 1967[『현대의미론의 이해』, 허발 역, 국학자료원, 1997].

Goatly, Andrew, *THE LANGUAGE OF METAPHORS*, ROUTLEDGE London and New York, 1997.

Darmesteter, A., *La Vie des mot étudiée dans leurs significations*, 1946[『낱말의 생태 : 단어의 의미론적 연구』, 최석규 역, 대한교과서주식회사, 1963]

Nida, E.A., *Componential Analysis of Meaning*, Mouton Publisher, The Hague, 1975.

Way, E.C., *KNOWLEDGE REPRESENTATION AND METAPHOR*, 1991.

Weisgerber, L., *Muttersprache und Geistesbildung*, 1928[『모국어와 정신형성』, 허발 역, 문예출판사, 1993]

제5장 현대국어의 〈뼈〉 명칭 어휘구조에 반영된 한국인의 세계관

1. 저서 및 논문

강기선 외, 『인체해부학』, 고문사, 2001.

김재봉, 「〈착용〉 동사의 낱말밭 연구」, 고려대학교 교육대학원 석사학위 논문, 1988.

김재영, 『성능중심 어휘론』, 국학자료원, 1996.

대한의학협회, 『의학용어집』, 학연사, 1984.

배성우, 「〈그릇〉 명칭에 대한 고찰」, 『한국어내용론』 제4호, 한국어내용학회, 1996.

배성우, 「〈칼〉 명칭에 대한 고찰」, 『우리어문연구』 제10집, 우리어문학회, 1997.

배성우, 「〈농기구〉 명칭에 대한 고찰」, 『우리어문연구』 11집(한국어문학의 이해), 우리어문학회, 1997.

배성우, 「국어 〈모자〉 명칭의 분절구조 연구─독일어와의 비교를 통하여」, 고려대학교 교육대학원, 석사학위 논문, 1998.

배성훈, 「〈산〉 명칭에 대한 고찰─〈크기〉를 중심으로」, 『한국어내용론』 제6호(한국어와 세계관), 한국어내용학회, 1999.

배성훈, 「〈산〉 명칭에 대한 고찰─〈위치〉를 중심으로」, 『우리어문연구』 13집(한국어의 내용적 고찰), 우리어문학회, 1999.

배해수, 『국어 내용 연구 (2)』, 국학자료원, 1992.

배해수, 『국어 내용 연구 (3)─〈친척〉 명칭에 대한 분절구조』, 국학자료원, 1994.

배해수, 『국어 내용 연구 (1)─수정판』, 고려대학교 민족문화연구소, 1997.

배해수, 『한국어와 동적언어이론─국어내용연구 4』, 고려대학교 출판부, 1998.

백상호, 『해부학총론』, 군자출판사, 2000.

안정오, 「낱말밭과 언어습득의 상관성」, 『한국어내용론』 제3호, 한국어내용학회, 1995.

이기동·배성훈, 『방언 어휘분절구조 발견을 위한 조사방법론 고찰』, 고려대학교 한국학연구소, 1997.

이성준, 『언어 내용 이론－통어론을 중심으로』, 국학자료원, 1993.

이성준, 『훔볼트의 언어철학』, 고려대학교 출판부, 1999.

이성준, 『언어·교육·예술－훔볼트의 언어철학』, 푸른사상사, 2013.

장기문, 「〈소〉 명칭에 대한 고찰」, 『우리어문연구』 제9집, 우리어문연구회, 1995.

장기문, 「〈여자〉 명칭에 대한 고찰」, 『한국어내용론』 제4호, 한국어내용학회, 1996.

장기문, 「현대 국어의 〈직업인〉 명칭에 대한 고찰(1)」, 『한국어내용론』 제6호(한국어와 세계관), 한국어내용학회, 1999.

장은하, 「〈눈〉이름씨에 대한 고찰」, 『한국어내용론』 제4호, 한국어내용학회, 1996.

장은하, 「〈눈부위〉 명칭에 대한 고찰」, 『우리어문연구』 제10집, 우리어문학회, 1997.

장은하, 「〈얼굴〉 명칭에 대한 고찰」, 『우리어문연구』 11집(한국어문학의 이해), 우리어문학회, 1997.

장은하, 「〈입〉 명칭에 대한 고찰」, 『한국어 내용론』 제5호(모국어와 에네르게이아), 한국어내용학회, 1998.

장은하, 「현대국어의 〈손부위〉 명칭에 대한 연구」, 『고려대학교 대학원, 석사학위 논문, 1998.

장은하, 「현대국어의 〈몸〉 명칭에 대한 연구」, 『한국어내용론』 제6호(한국어와 세계관), 한국어내용학회, 1999.

장은하, 「현대국어의 〈발부위〉 명칭에 대한 연구」, 『우리어문연구』 13집(한국어의 내용적 고찰), 우리어문학회, 1999.

장은하, 「현대국어의 〈뼈〉 명칭 분절구조의 연구」, 『한국학연구』 14집, 고려대학교 한국학연구소, 2002.

장은하, 『우리말 신체 명칭과 한국적 세계관』, 푸른사상사, 2017.

정시호, 『어휘장이론 연구』, 경북대학교 출판부, 1994.

정태경, 「〈떡〉 명칭의 분절구조」, 『한국어 내용론』 제6호(한국어와 세계관), 한국어내용학회, 1999.

정태경, 「〈국〉 명칭의 분절구조」, 『우리어문연구』 13집(한국어의 내용적 고찰), 우리어문학회, 1999.

하길종, 「〈힘〉 명칭에 대한 고찰 (1)―〈근원〉, 특히 〈유정성〉을 중심으로」, 『우리말 내용연구』 제2호, 우리말내용연구회, 1994.

한글학회, 『우리말 큰사전』, 어문각, 1997.

허발, 『낱말밭의 이론』, 고려대학교 출판부, 1981.

허웅, 『언어학―그 대상과 방법』, 샘문화사, 1981.

『컴퓨터용 전자사전 피시딕 7. 0』, 정소프트(주), 1997.

Bloomfield, "A set of Postulates for the Science of Language", *Language*, 2, 1926.

Coseriu, E., *Sprache, Strukturen und Funktionen*, Tübingen, 1971.

Gipper, H., "Inhaltbezogene Grammatik』Grundzüge de Literatur und Sprachwissenschaft", *Band*, 2. Deutsche Taschen-buch Verlag.

Helbig, G., *Geschichte der neueren Sprachwissenschaft*, Rowohlt Taschenbuch Verlag, Leipzig/München, 1974.

Humboldt, W. v., *Schriften zur Sprachphilosophie*, Werke Band 3, Cott'asche Buchhandlung, Stuttgart, 1979.

Ivić, M., *Trends in Linguistics*, Mouton/Co. N. V., Publishers, The Hague, 1970.

Lyons, J., *Semantics*, 1. 2, Cambridge University Press, 1979.

Nida, E.A., *Componential Analysis of Meaning*, Mout on Publishers, The Hague, 1975.

Ullmann, S., *Semantics ― An Introduction to The Science Of Meaning*, Oxford, Basil Blackwell, 1967.

Weisgerber, L., *Muttersprache und Geistesbildung*, Goettingen, 1929.

장은하 章銀河

고려대학교 국어국문학과를 졸업하고, 고려대학교 대학원 국어국문학과에서 석사학위를, 응용어문정보학과에서 박사학위를 받았다. 현재 고려대학교 문화창의학부 초빙교수로 있다. 저서로 『우리말 신체 명칭과 한국적 세계관』이 있다.

남북한 맞춤법과 한국어 어휘 연구

초판 1쇄 인쇄 · 2020년 5월 15일
초판 1쇄 발행 · 2020년 5월 25일

지은이 · 장은하
펴낸이 · 한봉숙
펴낸곳 · 푸른사상사

주간 · 맹문재 | 편집 · 지순이 | 교정 · 김수란
등록 · 1999년 7월 8일 제2-2876호
주소 · 경기도 파주시 회동길 337-16(서패동 470-6)
대표전화 · 031) 955-9111~2 | 팩시밀리 · 031) 955-9114
이메일 · prun21c@hanmail.net
홈페이지 · http://www.prun21c.com

ISBN 979-11-308-1670-8   93710
값 20,000원

남북한 맞춤법과 한국어 어휘 연구